AF457013

LES DIFFERENS CARACTERES DES FEMMES DU SIECLE,

AVEC

LA DESCRIPTION DE L'AMOUR PROPRE,

Contenant six Caractéres & six Perfections.

CARACTERES.	PERFECTIONS.
I. Les Coquettes.	I. La Modestie.
II. Les Bigotes.	II. la Pieté.
III. Les Spirituelles.	III. La Science.
IV. Les Economes.	IV. La Regle.
V. Les Joüeuses.	V. L'Occupation.
VI. Les Plaideuses.	VI. La Paix.

Par Madame DE PRINGY.

Seconde Edition augmentée.

A PARIS AU PALAIS,
Chez MEDARD-MICHEL BRUNET, à l'entrée de la Grande Salle, à l'Esperance.

M. DC. XCIX.

AVEC PRIVILEGE DU ROY.

A
TRES-HAUTE
ET
TRES-PUISSANTE
PRINCESSE
MADAME
MARIE D'ORLEANS,
DUCHESSE DE NEMOURS.

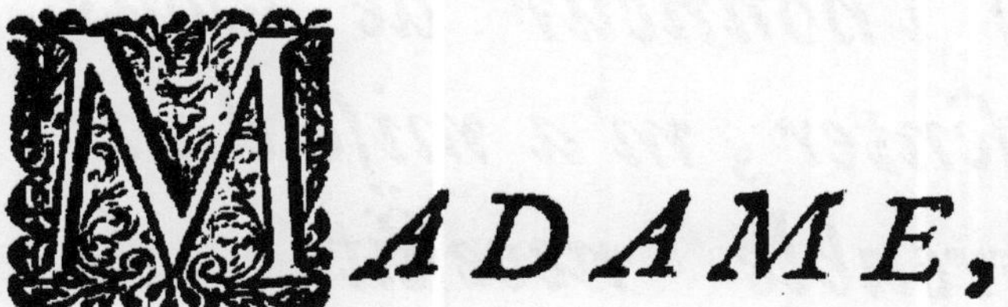

ADAME,

Je suis bien-heureuse de commencer à marquer

à Vostre Altesse mon profond respect, en publiant que vous estes digne de celuy de tout le monde; & je ne sçaurois trop m'applaudir d'avoir trouvé l'occasion de vous apprendre en public la veneration, que j'ay toûjours eüe en particulier pour Vostre Altesse. L'Ouvrage que j'ay l'honneur de vous presenter, m'a mise dans l'agreable necessité de vous mettre à la teste de mon Livre. Ayant fait une censure des femmes du ſiecle, & donné les moyens de ſe rendre parfaites, il me reſtoit de propoſer un modelle achevé des vertus que je conſeille; & je ne pouvois faire un choix plus digne de l'imitation de toutes les perſonnes élevées. C'eſt à voſtre égard, MADAME, *qu'il eſt permis de paſſer ſous ſilence de merveilleuſes qualitez, où l'on ſe fixe dans tous les autres. Je puis oublier ce ſang Auguſte, qui a paſſé depuis pluſieurs ſiecles par tant d'illuſtres Canaux pour arriver juſqu'à vous, afin de ne publier que les nobles qualitez de l'ame & de l'eſprit, qui vous ont toûjours diſtinguée comme une des plus grandes Princeſſes du monde. Je craindrois cependant,* MADAME, *en parlant de vos vertus, que vôtre modeſtie ne s'allarmaſt contre la verité, & que vous me fiſſiez un juſte reproche d'en avoir trop dit par rapport à ce que vous voulez qu'on en diſe, quoy-que j'en dise trop peu par rapport à ce qui en est. Dans cette veuë, je ne dis rien des loüanges, que mon zele pour vôtre gloire m'inspire, & je me contente d'admirer dans un respectueux silence les vertus, qui éclatent plus avantageusement en vous seule, que dans tout le monde ensemble. Que vous estes heureuse,* MADAME, *d'estre un modelle si parfait dans un temps où la vertu abandonne le cœur, pour ſe cacher dans l'oubly ! Et qu'il vous eſt glorieux de montrer un tiſſu de jours ſans reproche & ſans blâme ! Vous avez uni le parfait merite à la ſolide vertu ; & vous avez trouvé ce caractere de perfection ſi rare aujourd'huy, de pouvoir eſtre loüée ſans flatterie, & aimée ſans intereſt. Vous eſtes un prodige, où l'on ne peut atteindre, je l'avouë. Ce n'eſt auſſi que pour vous ſuivre que je propoſe aux femmes Illustres Vostre Altesse, comme un exemple de ce qu'il y a de plus grand, de plus merveilleux, & de plus digne de leur application, & du profond respect avec lequel je suis,*

MADAME,

DE VÔTRE ALTESSE,

La tres-humble & tres-obéïssante servante
DE PRINGY.

PREFACE.

MOn dessein estant de concourir à la perfection des Dames dont je décris les veritables Caractéres, j'ay crû les dédommager de la peine qu'elles auront à se reconnoistre dans un Portrait qui leur ressemble, par les moyens que je leur donne de corriger leurs défauts. C'est pourquoy je me suis promis des *Coquettes*, un aveu de leurs desordres : Des *Bigotes*, un dessein de se reformer : Des *Spirituelles*, un desir de s'instruire : Des *Economes*, une serieuse reflexion sur leur conduite : Des *Joüeuses*, quelques momens pour lire cet Ouvrage : & des *Plaideuses*, un jour de repos.

J'espere que ces premieres démarches leur feront sentir le plaisir de la perfection, les éloigneront de l'Amour propre que je dépeins, & leur donneront du goût pour la sagesse.

Si je puis inspirer à chaque estat le juste sentiment de se blâmer, je seray contente ; parce que c'est la voye la plus assurée de la correction que de sçavoir qu'on ne fait pas ce qu'on doit faire : Et je voudrois que toutes les femmes que je censure, m'approuvassent par un changement de mœurs, ou du moins que j'en fisse autant de sages que j'en feray de critiques.

Pour celles qui se disculpent des six Caractéres que je blasme, je ne crois pas qu'elles soient fachées de se rencontrer dans les six perfections que je décris. Mon Ouvrage ne condamne les defauts des autres, que pour mieux faire leur éloge. Et c'est un portrait des vertus qu'elles ont que celuy que je fais de celles qu'on doit avoir. C'est pourquoy en faisant connoistre le mérite caché des unes, je découvre les defauts ordinaires des autres.

Aussi j'espere qu'elles me pardonneront d'avoir parlé

imparfaitement de la perfection, dont elles connoissent mieux que moy le mérite & l'etenduë; puisque leur exemple sçait persuader la vertu, mieux que ne pourroit faire l'éloquence des plus beaux écrits du monde.

Mais comme le debit qui s'est fait de cet Ouvrage m'a obligée d'en faire une nouvelle édition, j'ay eû soin de corriger beaucoup de choses qui m'estoient échapées, & d'y adjoûter ce qui sembloit manquer à sa derniere perfection. Le Lecteur aura lieu d'estre plus content de la pureté des sentimens, & de l'exactitude des expressions, que je me suis estudiée de reduire aux regles les plus ſeveres de la doctrine & de la langue. Ainſi j'eſpere que ce nonveau travail ſera tout enſemble & plus utile & plus agreable.

Table des six Caracteres contenus en ce Livre.

LES COQUETTES Chapitre. I. *page.* 1.

LES BIGOTES. Chapitre III. *p.* 35.

LES SPIRITUELLES. Chapitre V. *p.* 75.

LES ECONOMES. Chapitre VII. *p.* 109.

LES JOUEUSES. Chapitre. IX. *p.* 137.

LES PLAIDEUSES. Chapitre. XI. *p.* 165.

Table

Table des six Perfections décrites dans cet Ouvrage.

LA MODESTIE. *Pour les Coquettes.*
CHAPITRE II. *p.* 19.

LA PIETÉ. *Pour les Bigotes.*
CHAPITRE IV. *p.* 60.

LA SCIENCE. *Pour les Spirituelles*
CHAPITRE VI. *p.* 94.

LA REGLE. *Pour les Economes.*
CHAP. VIII. *p.* 125.

L'OCCUPATION. *Pour les Joüeuses.*
CHAPITRE X. *p.* 152.

LA PAIX. *Pour les Plaideuses.*
CHAPITRE XII. *p.* 181.

ẽ

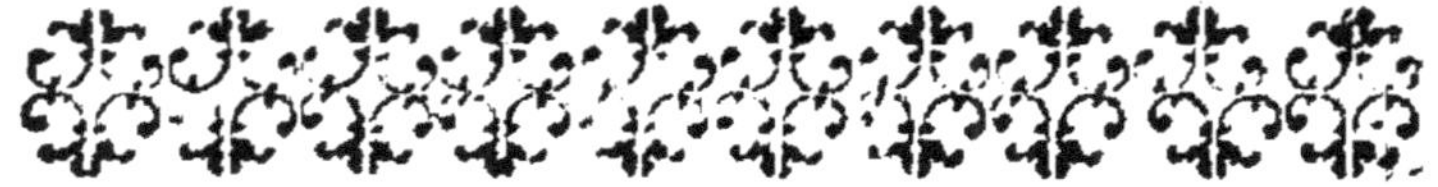

Table de la II. Partie.

De l'Amour propre en general. page 191. 192. 193. jusqu'à 204.

De l'Amour propre des Coquettes. p. 205.

De l'Amour propre des Bigotes. p. 208.

De l'Amour propre des Spirituelles. p. 210.

De l'Amour propre des Economes. p. 215.

De l'Amour propre des Joüeuses. p 219.

De l'Amour propre des Plaideuses. p. 224.

Livres nouveaux imprimez, & qui se trouvent à Paris au Palais, chez Medard-Michel Brunet, *à l'entrée de la Grande Salle, à l'Esperance.*

LEs differens Caracteres des femmes du Siecle, avec la description de l'Amour propre, passion dominante des femmes, dediez à tres-haute & tres-puissante Princesse, Madame Marie d'Orleans Duchesse de Nemours, par Madame de Pringy. vol. in 12. 1. l. 16. s.

Il seroit à souhaiter pour le bonheur des hommes que ce Livre fut lû de toutes les femmes.

Histoire d'Hollande, in 12. 4. vol. par Mr. de la Neuville. 6. l.

L'idée ou le Caractere d'un honneste homme, avec des Pensées & Reflexions Ingenieuses & Morales, dedié au Roy, vol. in 12. 1. l. 16. s.

Sentimens d'une ame Penitente sur le Pseaume. *Miserere mei Deus*, & le Retour d'une ame à Dieu sur le Pseaume, *Benedic anima mea*, accompagnées de Reflexions Chrestiennes, in 12. 1. l. 16. s.

Les Illustres Fées, Contes Galans, dédiez aux Dames, vol. in 12. 1. l. 16. s.

Les Amours de la Belle Junie, dédiez à Monseign. vol. in 12. 1. l. 5. s.

Le Degoût du monde avec des Maximes tirées de l'Ecriture Sainte, par Mr *** vol. in 12 1. l. 16. s.

Histoire des Princes Illustres, qui par leurs pieté & leurs belles actions ont merité le surnom de Grand, dédié au Roy, vol. in 12. 1. l. 16. s.

Les Chansons de Mr Coulange, in 12. 2. vol. 4. l.

Avantures & Lettres Gallantes, avec la promenade des Tuilleries, dédiez au beau Sexe, vol. in 12. 1. l. 16. s.

L'heureux nauffrage, suite des avantures & Lettres Galantes, vol. in 12. 1. l. 16. s.

L'amour à la Mode, Nouvelle Satyrique, vol. in 12. 1. l. 5. s.

On trouvera dans la mesme Boutique toutes sortes de Livres nouveaux & tres-curieux.

LE

LE CARACTERE DES COQUETTES.

CHAPITRE I.

LA galanterie eſt un goût du monde & des plaiſirs en general, & cet eſprit de bagatelle naît avec le ſexe. Son tempe-rament contribuë à ce caractére, & l'éducation qu'il reçoit acheve de le confirmer, & le rend tout occupé du rien qui le remplit. La civilité le polit, & c'eſt la meilleure maîtreſſe qu'on lui donne; mais les ſoins que l'art prend de ſa perfection gâte ce beau ſexe. Une fille à peine commence-t-elle à parler, qu'on lui apprend de jolies choſes & non pas d'utiles. Ses premieres démarches ſont pour la dance, &

ſans s'embarraſſer d'en faire une femme forte, on en veut faire une fille aimable, & on ne lui montre qu'à plaire, ſans ſonger à lui apprendre à vivre.

On s'étonne aujourd'hui de la coquetterie des femmes. Que veut on qu'elles ſoient en les élevant comme l'on fait? Leur diſpoſition naturelle les porte à la douceur & aux choſes agréables. La beauté leur inſpire un amour propre, qui leur fait mener une vie molle &

ſans action : & au lieu de rompre le cours à ce penchant effeminé, on leur fournit encore des moyens pour en fortifier l'habitude, & pour s'y plaire davantage. Je parle des mieux élevées ; je laiſſe là celles du commun peuple, & toutes celles qui ne connoiſſent la galanterie que ſous le nom de la débauche ; je parle aux perſonnes diſtinguées.

Une fille ne connoiſt ſa religion que par ſon Cathechiſme ; les ſciences que par le nom, & toutes les bonnes choſes qu'en idées. Elle ſçait la muſique dans toutes ſes proportions, pendant qu'elle ignore la verité dans toutes ſes circonſtances. Elle joüera toutes ſortes de jeux, & ne lit aucun livre que ceux qui ſont plus capables de la gâter que de l'inſtruire. Quel eſt la ſuite de ce premier deſordre? Une averſion pour les bonnes choſes, faute de les connoître; un éloignement pour les choſes élevées faute de les ſçavoir; & un eſprit d'envie & de mépris que donne l'ignorance, qui fait qu'une femme ne s'occupant que de ce qu'elle est & de ce qu'elle sçait, donne son tems au soin de plaire, & son éloge à ses maximes. Voilà la suite d'une jeunesse mal employée, qui n'a eu d'instruction que celle qu'il falloit pour s'aimer davantage & se connoître moins. Elle se fait un plan de perfection au goût de l'amour propre & selon l'usage du tems: sur ce modéle elle regle sa conduite & ses actions, & le fruit de ce beau deſſein eſt un déſordre univerſel.

On imprime la bagatelle ſi avant dans l'eſprit des femmes, que pour l'effacer il faut un coup ſurnaturel. Un bon deſſein fait qu'on les prive des ſciences élevées, & un mauvais effet ſuit ce bon deſſein. Pour leur faire éviter l'orgueil des demi-ſçavants, on les fait tomber dans l'ignorance des vrais ſuperbes. Car elles eſtiment que de ſçavoir le monde eſt pour elle un talent auſſi élevé, que toute l'érudition, des hommes, & qu'à proportion des états, la perfection du leur eſt remplie, quand tous les moyens de plaire leur ſont connus. Voilà ce qui fait aujourd'huy leur dangereuſe application. Une femme lit pour ſçavoir les intrigues des autres & pour regler les ſiennes : elle ſe pare non pas pour plaire mieux, mais pour plaire davantage. Car leur deſſein n'eſt pas de ſe faire un inviolable attachement, mais d'en faire pluſieurs ; aimant beaucoup mieux le nombre des amans, que la force de l'amour.

Elles étudient leurs regards & leur âtitude ; la plus tendre est la preferée. Elles observent leurs beautez pour les employer avec art. Elles ajoûtent souvent avec dessein ce que la nature leur a refusé avec raison. Enfin elles font une étude de leurs charmes pour parvenir à être aimées ; & l'étenduë du dessein qui les anime est si vaste, que dés qu'elles plaisent à un objet, elles voudroient plaire à un autre,

& leurs charmes cessent avant que leur cœur ait cessé son desir.

C'est une chose inoüie que l'occupation des Coquettes. Elles sont oisives quoi-qu'elles agissent toûjours: depuis le matin jusques au soir elles pensent à ceux qu'elles aiment, elles parlent à ceux qu'elles voyent, elles caressent un petit chien ou font quelqu'autre bagatelle semblable, & cette inutilité les réjoüit par simplicité. Car le moyen de penser par passion, de parler par habitude, d'agir par contenance, & d'être contente de soy-même ? Ce ne peut estre que par ignorance & par aveuglement qu'elles menent une vie blâmable dont elles sont satisfaites.

Leur conduite n'en demeure pas là : cette oisiveté generale les ennuïe, & ne la quittant pas pour une serieuse & salutaire occupation dont elles ne connoissent pas l'usage, elles se portent à des desirs déreglez & à des entreprises criminelles & dangereuses,

Les affections du cœur leur ſervent de regle ; elles employent les puiſſances de leur ame pour les ſatisfaire ; & ſans écouter le devoir & la raiſon, elles ne s'étudient qu'à contenter la paſſion dominante, & qu'à rendre l'eſprit l'inſtrument des déreglemens du cœur. Comme elles n'ont pas moins de lumiere que les hommes, mais qu'elles n'en font pas une juſte application, l'eſprit ne leur ſert qu'à les rendre plus coupables & non pas plus parfaites, & une Coquette éclairée plaît beaucoup plus, trompe bien mieux & ne vaut pas davantage. Car l'eſprit eſt dangereux lorſque l'on change ſon uſage naturel, & que laiſſant les bonnes & les grandes choſes qu'il eſt capable de connoître, on l'employe à des choſes vicieuſes qui le gâtent.

Voilà cependant ce que font la plus part des femmes; la vivacité les rend plus inconſtantes; la ſolidité plus malignes, la pénétration plus ſatyriques, & tous ces défauts plus ſuperbes & plus dignes du mépris qu'elles obtiennent pour ſalaire de leur mérite imaginaire. On les eſtime autant qu'elles aiment, pour un moment. La beauté nous arrête, l'eſprit nous fixe, & les defauts nous chaſſent. Mille agrémens les font chercher, mille raiſons les font fuïr. La volupté fait qu'on y retourne, & la ſageſſe fait qu'on n'y reſte pas, & qu'on leur parle toûjours avec plus de flatterie que d'attachement.

Il n'eſt point d'extremité où une Coquette ne ſe porte. La prodigalité dans toutes ſes dépenſes, & l'avarice dans toutes ſes épargnes; car la vertu étant bien loin de chez elle, la juſte médiocrité ne s'y trouve jamais. Si elle aime, quoi que cela ne dure guere, c'eſt pourtant juſqu'a la fureur; ſi elle hait, cela dure davantage & toûjours juſqu'à la vengeance; ſi elle ſouhaite, ſon deſir eſt inſatiable; ſi elle craint, ſon apprehenſion eſt ſans borne, & l'aſſemblage de toutes ces qualitez affreuſes n'empê-che point qu'elle ne plaiſe, & que ſes ſoins, ſes manieres, ſa beauté ne ſéduiſent les hommes & ne les rendent eſclaves de ce faux mérite. Mais en revanche une femme paye bien cher la loy qu'elle impoſe, & comme l'amour qu'elle inſpire eſt intereſſé, auſſi-bien que ſa cauſe, le fruit de ce commerce eſt la ruine de la fortune d'un homme & de l'honneur d'une femme. Il arrive ſouvent que comme elle ne l'a pas rendu plus heureux, il ne l'a pas faite plus riche, & que tous les deux chagrins de s'estre connus, ne partagent entre-eux que le répentir qui est la suite d'un amour volage & criminel. Franchement si les femmes galantes examinoient leur conduite avec un peu de raison, elles ne se plaindroient pas de leur malheur & se corrigeroient de leurs defauts, & quoy que leur penchant, leur éducation & leur habitude, leur eût rendu le changement comme impossible, le goût du bien leur viendroit, la religion & l'honneur ne seroient pas sans effet, la joye d'estre estimées succederoit au plaisir de plaire. Car la vertu est honorée par tout où on la rencontre, soit que la sagesse l'ait conservée, ou que la raison l'ait renduë, & elles obtiendroient avec justice l'estime respectueuse qu'on leur refuse. Pendant qu'un avis les conseille, la Modestie pourra les instruire, si elles ont bonne volonté.

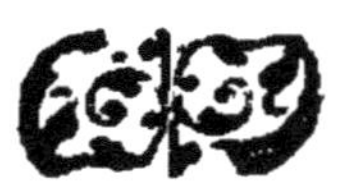

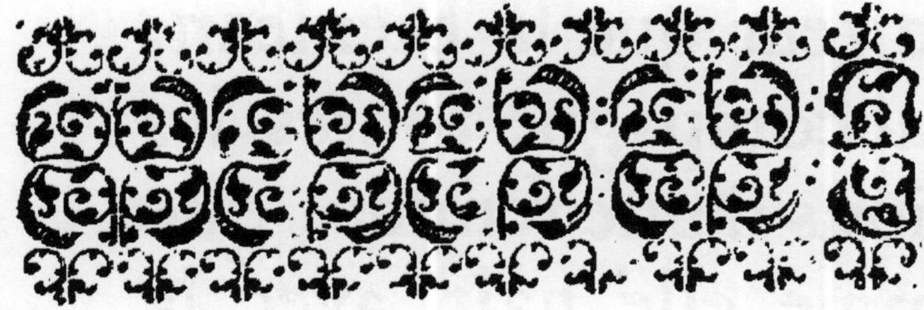

LA MODESTIE.

CHAPITRE II.

COmme il eſt des devoirs que la Religion nous impoſe, il en eſt auſſi que l'honneur nous oblige de remplir, & c'eſt de ceux-cy dont la modeſtie nous donne des leçons.

Elle veut que la bienſéance accompagne toutes les actions d'une femme ; que comme elle naît avec la pudeur, elle vive avec la crainte, & qu'elle meure avec la ſageſſe ; que ſon premier âge ſoit innocent ; que le ſecond ſoit pur, & que ſa conduite finiſſe avec une heureuſe & loüable ſimplicité.

La modeſtie n'eſt point trop ſevere ; ce qu'elle preſcrit eſt juſte & naturel ; elle ne veut que l'ordre & la perfection, & quiconque la mépriſe, s'éloigne de la vertu & de l'honneur. Quand une femme à qui le monde touche le cœur, abandonne les regles de la modeſtie où l'honneur eſt en aſſurance, elle connoiſt bien-tôt par effet le danger où l'a conduit ſa negligence, & ſon meilleur parti eſt, de rentrer avec promtitude dans la voye que ſon penchant lui a fait quiter.

Il eſt d'heureuſes inclinations, qui nous font remplir nos devoirs ſans peine; mais ce naturel excellent eſt plus rare que les autres, & l'on trouve peu de ces ames où le bien s'imprime ſans ſoin, & qui vont à la vertu ſans guide.

La modeſtie marque des regles que doit ſuivre celle, à qui la foibleſſe, le penchant & l'occaſion paroiſſent des obſtacles invincibles. Elle veut qu'un exterieur modeſte par habitude, abaiſſe ces mouvemens du cœur dérangé par l'amour propre, qu'un mauvais exemple pique & ne touche pas, que la beauté orne ſans flatter, que la joye ne paroisse jamais sans retenuë, & qu'il soit plus aisé de nous instruire que de nous plaire. Car une femme de qui le devoir fait l'étude, songe bien moins à ce qu'elle vaut, qu'aux moyens de valoir beaucoup; & comme le desir d'apprendre l'occupe, l'idée de sçavoir ne la prévient pas, & elle croit plus aisément faire une faute digne de blâme, qu'une action digne de loüange. C'est cette heureuse application qu'inspirent la crainte & le desir tout enſemble, à quoi une femme doit ſe donner toute entiere. Le penchant qu'elle auroit encore pour la bagatelle ceſſe bien-tôt, quand le goût des bonnes choſes ſe preſente, & la difficulté d'eſtre parfaite vient du relâchement des mœurs. Pour guerir le déreglement du cœur, il faut qu'une conduite modeſte & ſage ſoit uniforme & ne ſe démente jamais. Il eſt bien difficile à une ame vicieuſe de conſerver ſon mauvais caractére contre une pratique

reguliere

réguliere & une retenuë volontaire qui ne gauchit jamais; c'eſt à la conſtance des œuvres que la modeſtie rapporte ſes loix. Si la fermeté d'une juſte reſolution fait le merite d'un homme, la fermeté d'une ſage conduite fait celuy d'une femme; car il eſt auſſi difficile à une femme de ne jamais ſortir de ſoy-même ni par temperament ni par occaſion, qu'il eſt difficile a un homme de ne jamais changer d'opinion, ni par paſſion, ni par contrainte; mais le moyen de parvenir à cette conſtance noble & juſte, c'eſt la modeſtie qui rend ce moyen utile, quand elle défend la grande liberté de l'âge tendre, la grande familiarité des ſocietez agreables, la grande facilité des feſtins, & pour diſtinguer plus particulierement ſa volonté lors qu'elle refuſe tout ce qui s'oppoſe à une ſainte régularité, ne voulant pas qu'une femme écoute rien d'équivoque, parle ſur certaines matieres, ni s'explique avec certaines gens.

Point de regards ſans meſure, il faut avoir égard au temps & au lieu pour jetter les yeux. Point de rire précipité; il faut que le ſujet qui nous l'inſpire ſoit commun dans ſon effet. Point de contenance aiſée, où la commodité nous appelle. Point de façon nouvelle de s'orner. Point de partie de divertiſſement qu'il n'y ait un chef. Point d'amis qui ne ſoient ſages. Point d'ennemis qui ne ſoient méchans. Enfin point d'yeux pour ſes vertus, & point d'oreilles pour ses loüanges. Voilà le secret de commencer un tissu de jours éclatans, & d'en suivre le cours sans peine & sans blâme.

Mais ce moyen échape à la plusspart des femmes, & ces soins que l'honneur demande & que la modestie inspire, ne sont pas ceux qu'elles prennent ordinairement. Comme il en coûte à la vanité & à la volupté, une femme aime mieux retrancher de la modestie, que diminuer de son amour propre. C'eſt pourquoy elle obmet tant de circonſtances d'honneur, tant de loüables délicateſſes que condamne la modeſtie, comme le teſte-à-teſte entre perſonnes de different ſexe, l'examen de la beauté d'un homme, a préference dans les aſſemblées, l'explication de ſon penchant, le ſoin de juger de celui des autres, la facilité de blâmer, la difficulté d'approuver, & la liberté qu'on ſe donne d'impoſer, d'ordonner & de commander à des gens, en des lieux, ſur des choſes que la providence n'a point commiſes à nos ſoins. Si une femme eſtoit exacte à s'acquiter des devoirs de ſon eſtat, elle ne ſeroit pas ſi portée à ſe répandre au dehors, ni ſi vive dans ſon domeſtique. La modeſtie luy feroit goûter l'eſprit de retraite; elle ſentiroit par ce plaiſir de la ſolitude & du particulier, le trouble que donnent le tumulte & la confuſion. C'eſt dans cette confuſion, où il échape tant d'irrégularitez. La grande societé nous dissipe jusqu'à l'oubly, & la retenuë la mieux observée se dément, quand les parties deviennent fréquentes, & que l'on s'accoûtume au monde nouveau. Car une femme aime qu'on la flatte, & moins on la connoît, plus on le fait. L'ignorance où l'on est de ses defauts, fait qu'on la louë avec plus de facilité: mais cet encens qui lui plaît, fait qu'elle se neglige sur bien des choses, & souvent elle doit à l'approbation d'un ſeul, pluſieurs defauts qui ſont connus de tout le monde.

Combien s'engage-t-elle en ſe prévenant? L'incivilité lui devient naturelle avec ſes égaux, l'air de mépris écraſe ſes inferieurs, & la gloire lui fait éviter ceux dont le rang l'efface, & la retranche à des reflexions qui choquent la modeſtie. Elle ſe diſpenſe des obligations que l'honnêteté lui impoſe; elle oublie les droits du prochain, & la vanité lui cache ceux dont elle eſt redevable: de maniere qu'en s'attribuant par la foy qu'elle donne a ſon éloge, des honneurs qu'elle ne merite pas, elle n'a d'égard que pour elle-même, & neglige tout ce que la modeſtie luy preſcrit pour les autres. Vous la voyez ſans peine manquer à l'honnêteté d'un abord, d'une converſation & d'un adieu, ſans ſonger que l'infraction des loix de la modeſtie, eſt tres-ſouvent la cauſe du refroidiſſement de la charité, & qu'il eſt peu de diſtance entre le mécontentement & la haine. C'eſt pourquoy une femme raiſonnable eſt d'une exactitude achevée ſur les moindres devoirs de la modeſtie qui regarde les autres, & renonçant aux occupations de bagatelle, elle ne s'applique qu'à rendre ſa conduite irreprehenſible, dans les petites choſes auſſi bien que dans les grandes.

LE CARACTERE DES BIGOTES.

CHAPITRE III.

LA fausse devotion est le plus dangereux des vices, & le plus commun des defauts. Les hommes l'ont quelquefois par de grandes raiſons de fortune, mais les femmes l'ont preſque toûjours par orgüeil & par amour propre. La fauſſe pieté à pluſieurs motifs, qui engagent les femmes à prendre ſon party. Elle eſt facile; elle eſt heureuſe; elle eſt d'uſage. Souvent pour paſſer de la vie la plus licencieuſe à celle qui paroît la plus retirée, il ne faut point changer de maximes, il ne faut que changer d'habit, & tout ce qui ſe refuſoit à nos deſirs dans ce premier état, s'accorde à nos ſouhaits dans le ſecond. L'experience nous le fait voir ſi ſouvent, que nous ne ſçaurions douter du facile bonheur d'une multitude de bigotes du tems. Une femme élevée avec de bons principes, née avec de bonnes inclinations, qui cependant veut ſe conſerver la liberté d'une ſocieté agreable, & la reſerve d'une ſageſſe entiere, n'imagine qu'un moyen pour y parvenir; c'eſt l'hypocriſie, qui lui fait trouver un accord pour concilier Dieu & le monde, & pour ſatisfaire ſon amour propre ſans bleſ-ſer ſa devotion.

C'eſt une étrange erreur que celle du monde ſur le chapitre de la religion. Les perſonnes éclairées la regardent dans ſes plus ſacrez myſteres ; le peuple dans les céremonies exterieures qui luy plaiſent ; & les femmes dans certaines pratiques qu'elles ſe propoſent, dont elles ſe font une loy, à laquelle elles attachent la perfection de leur état. Les premiers connoiſſent la religion ; les ſeconds la croyent; & les troiſiémes la gâtent; car les doctes la cherchent, le peuple la ſuit & les femmes la contrefont.

Elles s'employent à choiſir un nombre de maximes qui s'accordent à leur inclination, & ſur ce choix elles forment un plan de leur obſervance, & l'amour exact qu'elles ont pour les vertus choiſies, leur fait oublier tout le reſte. On ne s'embarraſſe pas d'être charitable, pourvû qu'on ſoit dame de la Charité. Les dehors de la devotion leur ſuffiſent, quand meſme l'interieur lui ſeroit opposé.

Il importe peu d'omettre des devoirs d'obligation, pourvû que ceux qu'on leur a preferez, ne ſoient pas des plus criminels, & qu'il reſte toûjours un moyen de faillir avec éloge. Car c'eſt le propre de la fauſſe devotion de répandre l'orgüeil dans une ame, & de lui faire aimer l'humilité lors qu'elle eſt abîmée dans la ſuperbe, de faire eſtimer de peu d'importance les choſes

ses considerables, & de faire regarder comme choses considerables, celles qui sont de peu d'importance. C'est le secret dont le demon se sert auprés des femmes ; il leur fait voir les preceptes de la Religion avec des yeux d'indifference, pendant qu'un conseil de l'Ecriture les occupera jour & nuit pour le mettre en pratique. Elles seront vives pour se corriger d'un defaut, & impenitentes quand il s'agira d'un crime. Elles n'ont garde de ſentir le poids du peché, puis qu'elles negligent les lumieres de la grace, & qu'elles s'attachent à de petites choſes qui conviennent à leur caractere, pendant qu'elles mépriſent de grandes choſes neceſſaires à leur ſalut. Cependant ſous ce voile heureux d'une ſainte apparence, on ſe met en repos, on repare dans l'eſprit du monde les impreſſions du deſordre, en changeant l'exterieur, & en joignant l'hypocriſie à ſes autres defauts. On efface par cette faute presente jusqu'à la memoire de ses fautes passées, & par un dehors reglé, on fait croire l'interieur pur & innocent. Quelle erreur de juger de la conduite d'autruy par une devotion apparente ? On se trompe bien plus aisément en justifiant le bigot qu'en condamnant le libertin.

Ce n'est pas une caution de l honneur & de la vertu, qu'un devot de profession. Les plus éclairez s'y trompent moins ; parce qu'ils s'en défient davantage, & les hypoctites sont suspects à tous les gens raisonnables. Les simples sont abusez par les hypocrites ; mais les hypocrites sont desolez par les sages, qui ne leur passent pas aisément les trois Caractéres que l'hypocrisie leur impose, & qui sont trois qualitez directement opposées à l'amour de Dieu & du prochain, L'orgueil, la dissimulation & la cruauté.

L'orgueil leur fait usurper l'autorité sur des personnes qu'ils ne connoissſent pas ; la diſſimulation leur fait obtenir une approbation qu'ils ne meritent pas ; & la cruauté leur fait exercer une tyrannie qui ne ſe doit pas.

Voilà l'exercice des devotes du tems, la recherche des emplois qui leur aſſujettiſſent le plus de malheureux, & qui les élevent au deſſus d'une conduite ordinaire. Le ſoin de cacher leur deſſein, afin de parvenir plus aiſément à leurs projets, & de s'exprimer en termes humbles pour ſe faire eſtimer davantage, & l'application continuelle à supposer des crimes à ceux qui ont du malheur, & à nourrir de larmes & d'ignominie ceux, que la Providence leur envoye pour les nourrir de pain. Si on sçavoit jusqu'où va la rigueur des Bigotes du tems, les riches crieroient pour y mettre ordre, & les pauvres craindroient leurs secours.

Comme un des charmes de la grandeur & des richesses est le respect qu'elles imposent : un des chagrins de la misere est le mépris qu'elle s'attire. L'indigence & la pauvreté effacent dans les esprits simples l'avantage de la naissance, l'éclat du merite, & la beauté de la vertu. Mais si l'injustice éleve la fortune à un si haut degré, la verité plus équitable la laisse toûjours au plus bas rang, & cette verité qui semble éclairer les Bigotes, est foulée au pied par leur cruauté. Il n'est point de maux qu'elles ne fassent souffrir aux personnes que Dieu visite par la pauvreté. La faim, la soif, la nudité sont les moindres peines qui partent de leurs soins: La médisance, la calomnie, le mêpris & l'outrage sont les suites du zele, qu'elles font paroître pour le prochain.

Quand elles sont commises au soulagement des familles, & que la bonté d'un Pasteur qui ne veut pas laisser souffrir aucune de ses oüailles, les employe pour exercer des devoirs de charité; c'est une chose inoüie. Il se repose sur

ses

ſes ames zelées dont les pratiques ſont d'exemple, & qui montrent en public les devoirs que l'on doit à Dieu, pendant qu'elles ne s'embaraſſent guere en particulier de ceux que l'on doit au prochain. C'eſt ſelon le penchant de leur cœur qu'elles font vivre ou mourir les miſerables. Lors que la bienveillance les porte vers quelqu'un, & que les ſoûmiſſions d'un homme ſouffrant a rendu hommage à leur ſuperbe, elles luy donnent tout ce qu'il faut pour diminuer ſa ſouffrance, & non pas pour la finir, elles ſont bien aiſes de ralentir ſa douleur pour manifeſter leur bonté, & n'ôter que l'excés de ſa peine, afin de mériter un éloge, & de conſerver leur empire.

Mais lors qu'un illuſtre malheureux à qui le dépoüillement n'a pas arraché la noble fierté de ſon cœur, eſt confié à leur cruel ſecours, ce n'eſt plus une demie pieté qui les anime; c'eſt une rage, qui leur fait exercer mille ſupplices en ſa perſonne ; comme ſi les vertus d'un pauvre illuſtre mettoient obſtacle au ſecours que ſes beſoins demandent ; on les luy refuſe tous , ou bien on les luy offre ſous des conditions cruelles ; on ne veut plus de ſentimens nobles dans un cœur languiſſant , plus de lumieres, de grandeur , ni de capacité dans un eſprit abattu par l'infortune. Il faut renoncer à tous les ſentimens qui diſtinguent un homme du commun , ſi vous voulez obtenir l'utilité qu'elles vous proposent. Et par un éloignement secret de la charité dont elles font profession publique, elles ne vous accordent la vie qu'en vous ôtant l'honneur, & ne consentent à vous donner du pain qu'à condition que vôtre rang & vôtre vertu ne vous excluront pas d'être victime de leur erreur & de leur fantaisie.

Comme l'exercice de leur charité pendant ce tems fait bien souffrir les miserables. Ce même exercice pourroit bien à leur tour les faire souffrir dans le grand jour de l'éterni-té, & si l'orgueil est le plus grand crime devant Dieu, puis qu'il s'attaque à luy-même en blessant son amour, où conduira l'hypocrisie qui renfer-mant l'orgueil, blesse en-core l'amour du prochain & le rend infracteur de la Loy dans ces deux pre-ceptes. Je vous avouë qu'une Bigote est si cou-pable, & a tant de de-fauts que je n'ay garde d'en entreprendre le détail ; je ne parle que de celles qui ſont atachées à cette profeſſion. Comme la haine qu'elles ont pour toutes les femmes qui ne ſont pas habillées à la mode de l'hypocriſie, elles ne peuvent les ſouffrir, ſur tout quand elles meinent une vie exemte de blâme. Il ſemble qu'il y ait un crime à eſtre veſtu d'ornemens que la condition permet, & qu'il faille pour eſtre à Dieu commencer par ſe couvrir d'un ſac, qui ne ſert bien ſouvent que pour cacher plus de crimes ſans découvrir plus de ver-tu. L'erreur d'une modeſtie de laine a beau s'augmenter dans le monde. On ſçait que les grandes manches couvrent moins la main que l'avarice, & que ce n'eſt point l'habit de Bigotes qui fait la femme de vertu. Cependant ſous cet habit, on condamne avec hardieſſe, & l'on peche avec impunité; on eſt meſme au-deſſus de la cenſure, & celuy qui dit la verité ſur ce ſujet, court riſque de faire dire un menſonge ſur le ſien.

Car la fausse pieté ne souffre point le blâme sans rendre la calomnie, & c'est la suite de la colere d'une Bigote de perdre celuy qui l'a blâmée. La sagesse par excellence & la verité même qui est Jesus-Christ, a condamné l'affectation des habits, lorsqu'il blâme les Pharisiens aux robes longues & aux franges modestes. Il n'a pas eu égard à leur accusation sur la femme adultere, il les a condamnez, lorsqu'ils venoient pour condamner les autres. C'estoit une leçon de Providence pour éclairer ceux qui ont l'autorité, pour proteger ceux qui ſont dans l'abandon, & pour corriger ceux qui accuſent ſans eſtre innocens.

Il eſt des circonſtances de peché dans l'hypocriſie ſi délicates & ſi dangereuſes, que meſme celles qui en ſont coupables, ignorent quelquefois le malheur de leur condition. Une femme du caractére dont je les dépeint n'a de prochain que ceux de ſa profeſſion. Ce qui vient de leur part, eſt déciſif ſur toutes choſes, & une Bigote feroit conſcience de douter d'une calomnie qu'une autre Bigote a inventée. Sur cette foy criminelle, elle mépriſe celles que l'on a accuſées, & ſous pretexte de reprendre les defauts, elle les publie par tout. Car la médiſance n'eſt pas un crime chez les Bigotes. Quand on croit dire la verité, on ne croit pas offenſer Dieu; cependant la Pieté parle un langage bien different de ces maximes, & pour eſtre devote veritablement, il ne faut que la conſulter.

LA PIETÉ.

CHAPITRE IV.

LA foy est la mere de la Pieté, quiconque se donne à Dieu & fait profession d'y estre, doit sçavoir sa Religion, & aimer ses devoirs & les remplir parfaitement. Son premier ſoin doit être de s'inſtruire & de régler ſes mœurs ſur les connoiſſances de ſa foy, afin de ne pas connoiſtre la Loy en libertin, ni la pratiquer en Bigot.

Mais quand la Foy a ſuccedé au ſoin de ſon inſtruction; qu'il eſt ſeur d'avoir trouvé la voye, la verité, & la vie; qu'il goûte une paix merveilleuſe, que la verité répand dans ſon ame; que ſon cœur rempli de charité n'a plus de mouvemens qui ne le portent à la joye de l'éternité, ſon esprit se trouve convaincu, son ame est remplie d'onction, & la pratique de la vertu devient facile quand l'esprit connoist avec seureté ce qu'il doit, & que le fruit de cette connoissance est le zele de la volonté. C'est alors que l'on voit cet empressement des Maries pour chercher Jesus-Christ, cet amour des Magdelaines pour le suivre, & ce soin des Marthes pour le servir. Ni la parole de l'Ange, ni l'opposition du Pharisien, ni la préference de Magdelaine ne les arrêtent point. Le desir, le courage & la force suivent de prés la foy, l'esperance, & la charité qui les animent. Elles courent portées par leur empressement; mais c'est dans la voye de la verité, suivant Jesus-Christ sans relâche & sans repos, s'employant sans cesse au travail de la Vigne du Seigneur, & n'épuisant jamais la force de leur volonté, quoy-qu'elles attenuent celle de leur corps. Voilà la régle d'une ame qui cherche vrayme nt

Dieu ; un desir brûlant de de tout faire pour son amour ; une impression de sa Divinité qui nous aneantit sans cesse, & qui nous met à l'abri de la superbe du demon, si dangereuse aux ames innocentes ; une resolution inexprimable qui nous fait vaincre les obstacles qui se rencontrent dans la voye tracée par Jesus-Christ, dans laquelle il faut marcher sans détour pour estre parfait. On ne suit pas le Seigneur en s'arrestant, c'est une course

sans

ſans interruption qu'il faut que faſſe la volonté; le moindre repos l'éloigne, & ſouvent la negligence fait qu'elle le perd de vûë, & qu'elle s'égare juſqu'à ne pouvoir plus le retrouver; c'eſt la fidelité à le ſuivre, qui eſt l'article le plus eſſentiel de la vraye pieté.

Que d'ames qui cherchent Jeſus-Chriſt, qui le trouvent, & puis qui le laiſſent & qui le fuyent. L'ardeur de la devotion leur donne des mouvemens impetueux que la foiblesse naturelle, l'occasion & le penchant arrestent au milieu de leur course, & le plus souvent ce grand zele que le temperament anime, cede à la moindre bagatelle qui choque la passion dominante.

Ce n'est point à la vertu aimée qu'il faut donner la conduite des autres, c'est à la vertu necessaire, & cette vertu necessaire est celle qui retranche le plus de nostre propre volonté & qui nous fait suivre de plus prés Jesus-Christ. Ce n'eſt point d'un pas languiſſant que l'amour fait marcher quand c'eſt de bonne foy que le cœur ſe donne ; on vole où l'amour nous appelle, l'eſprit de charité fait agir tout autrement, & le ſaint emportement d'une ame qui aime Dieu luy fait ſuivre de ſi prés les Preceptes & les Conſeils de Jeſus-Chriſt, que ſa conduite paroiſt un Evangile, où l'on voit écrit par la violence les leçons d'un Dieu crucifié. Je vous avoüë que la rareté de ces perſonnes apoſtoliques, qui rempliſſoient les premiers ſiecles, feroit douter qu'il y en eut dans le nôtre, ſi la perfection de ceux qui nous donnent l'exemple, ne nous dédommageoit du petit nombre, & ne nous perſuadoit par l'excellence d'un état ſi merveilleux, des douceurs que la grace communique dans cette voye laborieuſe de la penitence, où l'on cherche, où l'on ſuit, & où l'on ſert Jeſus-Chriſt. Car cette meſme volonté qui nous le fait ſuivre en tout lieu, nous le fait ſervir en toutes choſes. Il ne s'agit pas ſeulement de l'aimer par la contemplation, il le faut adorer par la ſoûmiſſion, il le faut ſervir par la fidelité aux devoirs de nôtre état. Car ce n'eſt point en ſpeculion que l'on obſerve la Loy; c'eſt une charité active que Dieu nous demande, & la foy cette divine vertu qui nous le fait adorer, ne ſe contente pas de la ſoûmiſſion de nos lumieres, elle veut encore des œuvres d'une charité agiſſante, & que le bras ſeconde le cœur. C'eſt pourquoy point de repos pour une ame chrétienne : ſon travail doit commencer avec ſa raiſon, & ne finir qu'avec ſa vie, & toute la perfection ne conſiſte qu'à le commencer avec joye, à le continuer avec courage, & à le finir avec amour. Quand cet amour qui eſt le fondement de la Loy, a penetré le cœur de l'homme, toute la ſeverité de la penitence, toutes les rigueurs paroiſſent douces pour ſon deſir, toutes ſes obligations vers Dieu ſont remplies avec une ardeur ſans meſure. Son zele n'obmet rien de ce qui peut concourir à la gloire de ſon Dieu, & ſon prochain par une effuſion de cette même charité eſt cherché avec ſoin en quelque lieu qu'il ſouffre, eſt ſecouru avec promtitude quelque beſoin qu'il endure, & eſt conſolé avec douceur, conformément à ſon eſtat. Le meſme zele qui l'éleve à Dieu par amour, qui l'unit au prochain par charité, l'abaiſſe auſſi juſqu'à luy-meſme par une humilité profonde, & luy fait voir le neant & le peché qui luy ſont propres. Dans la vûë de ſes miſeres il conçoit l'éloignement où il eſt, des grandeurs de la Divinité, & ſe fortifie dans la foy, qui luy fait adorer cette immenſité qu'il admire. Il examine ce que c'eſt que le neant qui le compoſe, & la reflexion le conduit au mépris qu'il ſe doit à luy-meſme, & à l'amour qu'il doit à ſon Dieu. Voilà la ſituation

tion où doit eſtre une ame chreſtienne qui fait profeſſion de pieté, il ne s'agit pas de l'apparence quand on ſe déclare en public enfant des joyes de l'éternité. Il faut eſtre circoncis de volonté, & que l'intereſt & l'amour propre écraſez pour jamais par la force de l'amour de Dieu, ne ſoient plus capables de nous arreſter dans le chemin de la vertu ; que nous ſoyons comme l'Apôtre S. Paul, plus puiſſans que l'enfer par la force de ſa charité.

Que chacun s'examine ſur ce modele de pieté, & ſe jugeant à la rigueur, ſe confeſſe coupable devant Dieu, & s'avouë criminel auprés des hommes, & que ce juſte aveu faſſe naître en nous le plus fort ſentiment d'abnegation dont nous ſoyons capables, ſans lequel nous ne ſçaurions jamais chercher, ſuivre, ni ſervir Jeſus-Chriſt, comme il le veut & comme on le doit.

LES SPIRITUELLES.

CHAPITRE V.

UNe femme qui se pique d'esprit, est insupportable pour la societé, parce qu'il est rare d'en trouver de ce caractére qui soit exempte d'une injuste prévention, dont je vais faire le détail.

La plus coquette est moins charmée de sa beauté, que la moins spirituelle ne l'est de son genie. C'est un mépris universel qu'elle a pour toutes les creatures; il semble qu'elle confonde l'homme avec les animaux, du moment que sa raison n'est pas accompagnée d'un bel esprit; & elle vit dans un éloignement du sens commun par la gloire, où l'éleve ce prétendu bel esprit, qui fait qu'elle devient autant insuportable aux autres, que les autres luy paroissent insuportables à elle-mesme. Une femme que ses lumieres aveuglent, est si loin de la verité, qu'il ne faut pas s'estonner si les plus sages la fuyent, & si les moins timides la craignent. Car elle n'est capable que de donner de belles couleurs au mensonge, & de faire le mal avec plus de subtilité. En voicy la raison. Une femme effleure les sciences & ne les approfondit jamais.

Elle reçoit l'éloquence naturellement, & la met en usage sans se servir des regles qui nous asseurent de la suivre. Elle s'attache aux Auteurs qui donnent le plus dans son sens, sans s'embarasser de choisir ceux dans le sens desquels il faut donner pour estre habile. Elle noüe une societé de gens qui passent pour gens d'esprit ; parce qu'ils sçavent mieux que d'autres applaudir au defaut des Grands & aux erreurs des femmes. Elle s'applique à censurer les ouvrages, comme ſi la cenſure n'eſtoit pas un droit de l'excellence, dont le plus habile homme à peine eſt capable. Elle étudie ſes mots; car le terme fait tout à la choſe auprés d'elle; toute l'érudition ne ſçauroit luy plaire ſans politeſſe; parce que la ſageſſe & la verité n'eſt pas ſon étude, mais la delicateſſe & l'uſage: & pourvû qu'elle obſerve une pureté d'expreſſions laquelle l'exempte de pecher contre les loix du beau langage, elle ſe repoſe du ſurplus, & ne s'embaraſſe gueres de penſer comme une autre ; pourvû qu'une autre ne parle pas comme elle. Le deſir qu'elle a de paroiſtre habile eſt un obſtacle à le devenir : car il faut beaucoup de peines & de temps caché, pour acquerir un merite éclatant & approuvé ; & les femmes aiment mieux perdre le temps ſans peine, que de cacher la peine & le temps pour acquerir la vertu. C'eſt pourquoy leur plus beau talens d'eſprit eſt la converſation ;

c'eſt-la où le deſir qu'elles ont de paroître éclate, & où elles répandent dans chaque eſprit quelque defaut du leur : car elles font une courſe de genie dans une aprés midy de temps ; elles paſſent de la doctrine aux mœurs, de l'uſage à l'opinion, du ſerieux à l'enjoüement, du ſolide à la bagatelle, & elles traitent en deux heures de tous les intereſts de l'Europe, ſans en avoir connu pas un ; on épuiſe les matieres ſans les avoir touchées ; on offenſe la raiſon en voulant raiſonner : on a un tiſſu de penſées qui fourniſſent des mots pour remplir le temps, & on ſe contente en faiſant couler quantité d'expreſſions ſur des choſes inconnuës.

l'uſage fait que la politeſſe cache une partie de l'ignorance, & qu'un adulateur ſatisfait & prévient par ſon encens ; on ne le diſtingue plus de l'homme équitable ; on ſe repoſe ſur une dangereuſe approbation, ne conſultant point la ſcience qui peut éclairer. Les fauſſes lumieres qui ébloüissent, font un si beau jour & si facile, que l'amour propre prend soin de le conserver, & l'on se croit élevé à des connoissances, dont à peine le nom demeure dans la memoire.

Voilà l'usage des femmes spirituelles, Une grande idée d'esprit qu'elles ont dans l'imagination. Ce n'est point une connoissance, une regle, ni un sçavoir, c'est une idée; c'est-à-dire, une spacieuse étenduë qui comprend toutes les grandes choses.

Un vaſte lieu en elles-mêmes, où elles imaginent voir l'aſſemblage de toutes les differentes beautez de l'eſprit. Elles font un mélange confus de tout ce qu'elles ſçavent, & cet amas de ſciences imparfaites remplit leur cœur, auſſi injuſtement que leur eſprit. L'opinion gaſte la volonté, & le déreglement du cœur fixe les erreurs de l'eſprit, & ne luy permet plus de changer.

Quand une femme eſt parvenuë à ce malheur, il eſt preſque impoſſible de la conduire à la verité. Elle ne voit toutes les choſes de l'eſprit qu'au travers de ſon goût. Elle condamne ou elle approuve, ſelon que ce meſme goût eſt flatté par le ſujet qu'elle examine ; & puis elle regle la bonté de ſon jugement ſur le jugement de ceux qui ont trop de bonté pour elle ; & par cette injuſtice elle s'écarte de plus en plus de la verité. Car ſes lumieres trompées par elle-même dans leur principe, la trompent toûjours dans leurs effets. Le ſoin qu'elle ſe donne d'augmenter cette capacité erronnée, ne ſert qu'à l'aveugler davantage.

Chaque image qu'elle apperçoit, chaque idée qu'elle ſe forme, chaque opinion qu'elle reçoit, ſont autant de nouveaux obſtacles à la verité, qu'elle ſe propoſe & qu'elle ignore. Il arrive en elle d'une ſuite neceſſaire, qu'elle n'a plus les facultez de l'eſprit libres d'agir, qu'en faveur des faux principes qu'elle a receus; parce que l'eſprit a des actions d'habitudes ; il n'eſt pas toûjours dans l'examen où le doute le conſerve ; il paſſe outre, quand affermi ſur l'opinion qu'il a connuë, examinée & reçuë, il ſe porte aprés déterminement à tout ce qui ſuit, ou qui ſe rapporte au principe qu'il a choiſi ; & c'eſt ce qui fait que les eſprits ſont ſi differens & ſi aſſeurez dans chaque caractére, parce qu'ils ne font plus que ſuivre une propoſition approuvée, qui regle les differentes opinions que les ſujets fourniſſent.

Quand un homme qui consulte la verité croit la trouver, il se fixe & se détermine. Il ne sort plus de ce point; il doute de tout le reste & ne s'asseure que par rapport au point qui l'a fixé, auquel il croit la verité attachée, & c'est ce qui le rend juste dans les suites, en cas qu'il ne se soit pas trompé dans son choix. Car il ne se détourne point de son premier principe, il est toûjours le même; c'est un sentiment uniforme qui le conduit sur toutes choses. Il connoît bientôt que le le fruit de ſa peine eſt une lumiere ſans ombre, qui l'exempte de toutes les taches de l'erreur ; mais la meſme raiſon qui fortifie ce bon genie, fortifie auſſi le mauvais.

La ſtabilité eſt la ſuite d'une opinion que l'on aime, & les femmes qui ſe déterminent avec bien plus de facilité que les hommes, ſont plus ſujettes auſſi à s'éloigner de la verité : elles prennent parti ſans raiſonner, & n'ont pas plûtôt ſuivi leur penchant, que ce meſme penchant fait toutes leurs lumieres, & les entretient dans cette erreur de choix, qu'elles ignorent plus que person-ne. Elles manquent par une vivacité, qui les fait dé-terminer ſans reflêchir, & cette premiere faute où l'i-gnorance les fait tomber, eſt la ſource de tous ces é-garemens de raiſon & de ſens commun qu'elles ont ſur toutes choſes, & qui les rend inſupportables. Car elles ne ſont pas aſſez maî-treſſes d'elles-meſmes pour ſe corriger; leur connoiſ-ſance ſeduite par l'opinion ne ſe rend pas au ſoin des amis, aux avis des bons Auteurs, ni meſme aux premieres teintures qu'elles ont de changer. L'habitude de l'opinion eſt plus forte que toutes les paſſions enſemble, il faut un effort ſurnaturel, pour ramener à la verité un eſprit gâté par de faux principes qui luy plaiſent. Une femme de qui l'eſprit n'eſt pas juſte, change les objets de nature & de place, il faut que la verité ſe tourne pour qu'elle la voye droite. Car elle n'apperçoit rien qu'au travers des ombres qui la trompent, & qui font qu'elle trompe les autres, parce qu'elle insinuë les fausses lumieres, & se sert de couleurs vives pour les faire sentir aussi justes qu'elle les conçoit.

Les hommes sont exemts de cet écüeil ; mais les autres femmes de qui l'aveuglement fait chercher les lumieres, s'aveuglent davantage en voulant s'éclairer, & donnent dans le piege des spirituelles, qui est de s'admirer en se trompant, & de tromper ceux qui les admirent. Leur connoiſſance confuſe, la facilité qu'elles ont à ſe porter aux choſes élevées, & le deſir de paroître habiles, ſont les cauſes de leur ignorance; elles ſe font des obſtacles qui leur rendent la ſcience beaucoup plus neceſſaire & plus facile.

LA SCIENCE.

CHAPITRE VI.

L'Esprit eſt de tout ſexe. L'ame eſt un eſtre ſpirituel également capable de ſes operations dans les femmes comme dans les hommes. Et si les hommes sont destinez à des emplois laborieux pour lesquels il faut de la science & de l'application, les femmes que l'usage a exclu de ces emplois avec justice, leur delicatesse ne permettant pas qu'elles en pussent soûtenir le poids, ne sont pas excluës de l'érudition. Car la science est necessaire à tout le monde, & ceux qui en sont gâtez, le seroient beaucoup plus par leur ignorance, qu'ils ne le sont par ses lumieres. Si un demiſçavant prend de la vanité pour peu de choſe, un ignorant en prend pour rien, & celuy qui eſt capable de ſuperbe ſans rien ſçavoir, ſe croiroit un Ange s'il ſçavoit quelque choſe. Tout ce qu'il apprend contribuë bien moins à ſa perfection qu'à ſon orgüeil; c'eſt pourquoy la premiere marque d'une perſonne habile eſt avant que de rien ſçavoir, de ſçavoir bien qu'elle ne ſçait rien, & de deſirer ſçavoir beaucoup.

Quand ces diſpoſitions-là

là ſe trouvent dans une perſonne qui veut ſe donner une application ſerieuſe, & prendre l'étude à cœur, elle s'apperçoit bien-tôt, par le plaiſir qu'elle prend dans la peine qu'elle ſe donne, de la neceſſité dont eſt la ſcience pour ſa perfection. C'eſt pourquoy quelque laborieuſe que ſoit l'étude, elle ne s'en rebute point; pourvû qu'elle s'inſtruiſe elle eſt contente. Eſt-il rien de plus capable de ſatisfaire l'eſprit que de luy donner les moyens de s'aſſurer ſur ce qu'il penſe, & de déliberer ſeurement dans ſes opinions? Entre mille idées confuſes qui ſe préſentent à luy ſur un meſme ſujet, démeler ſans ſe tromper la plus juſte & la plus raiſonnable, ne point confondre le vray & le faux, & par des principes qui le reglent, ſe mettre à l'abri de l'erreur. Qu'elle joye de voir le partage de tous ces bons ſentimens, quoiqu'oppoſez, que les anciens ont laiſſez pour modéle, & de s'exercer l'eſprit ſur les treſors des plus beaux eſprits du monde. Avoir la liberté de choiſir dans des ſentimens parfaits celuy qui nous eſt le plus agreable, & faire de l'antiquité la plus éloignée un plaiſir toûjours nouveau pour nôtre imagination, pouvoir contribuer à regler ſa conduite en ſatisfaiſant ſa curioſité, & mettre par l'intelligence de nos anceſtres un ordre à nos penſées & à nos diſcours, auſſi juſte que la raiſon en met à nos actions.

Franchement celuy qui néglige la ſcience eſt bien

prés d'abandonner la raiſon, & du dégoût des juſtes regles de la Philoſophie, il n'y a pas loin à la perte du ſens commun. Car le moyen d'eſtre habile par ces vapeurs de vivacité qu'un ſang boüillant donne dans certaines occaſions, où la diſpoſition des organes, jointe à la paſſion qui nous anime, nous fait trouver de bonnes choſes, les exprimer juſte, & qui jugeroit de nous ſur cet eſſay, nous croiroit doctes, pendant que nous n'avons encore que les moyens de le devenir. Non ! on a beau avoir le plus heureux naturel du monde ; il faut les couches de la ſcience pour en faire un portrait aimable, & quelque bel eſprit dont la nature nous ait favoriſé, il n'eſt jamais naturellement tout ce qu'il peut eſtre avec les ſciences. Quelquefois meſme un ſçavant d'un genie fort inferieur eſt capable de l'effacer ſans reſſource ; parce qu'il eſt vray que celuy, qui n'a pas des régles ſeures pour l'action de l'eſprit, perd la verité auſſi facilement qu'il la trouve, le tout par hazard. C'eſt pourquoy les femmes qui ſont plus capables par la vivacité qu'elles ont à s'élever aux choſes les plus ſublimes, & plus ſujettes par le changement à quitter la verité quand elles l'ont une fois atteinte, ont plus beſoin de ſciences que tout autre pour élever leurs lumieres avec ordre, & les fixer avec aſſeurance. Il faut chercher le plan d'érudition le plus approuvé, s'arreſter à ſes régles pour conduire nos connoiſſances, & lorſque par des Maiſtres que tout le monde approuve, on s'eſt inſtruit ſur toutes choſes, il ne faut pas croire en ſçavoir aſſez. C'eſt ignorer le point de la ſcience parfaite que de ſe repoſer dans le chemin de la verité, à peine la vie d'un homme ſuffit-elle pour ſçavoir ce qu'un enfant ne devroit pas ignorer; on ſe laſſe au lieu de s'animer; la vanité nous fixe, & ſouvent une approbation nous fait negliger par orgüeil le ſoin de noſtre perfection. Nous en demeurons à ces premieres teintures du ſça-voir, & ſans nous échauf-fer du deſir que les lumie-res de l'eſprit ont droit d'inſpirer, nous en demeu-rons au point des demi-ſça-vans, qui eſt de paroiſtre beaucoup. Cependant il eſt peu de ces genies éle-vez, de ces eſprits au-deſ-ſus du commun qui tom-bent dans cette non-cha-lance; un mouvement plus noble les enleve à la vani-té, & ce qu'ils ſçavent, leur ſert d'éguillon pour apprendre. Vous les voyez quoique fixes aux ſentimens des meilleurs Auteurs, s'inſtruire avec tous les autres, & ſans ſe broüiller par la diverſité des opinions, s'affermir dans la plus juſte qu'ils ont preferée, & faire ſervir toutes les oppoſitions à la gloire de la verité. Pour ſçavoir beaucoup, il faut s'aimer peu, & ne ſe point conſulter; l'amour propre s'oppoſe à la peine, & l'opinion à la verité; tout nous doit eſtre ſuſpect, quand c'eſt nous qui l'inventons

& qui le jugeons. Je ne dis pas qu'il faille se soûmettre à toutes sortes de jugemens plus facilement qu'au nôtre ; mais le nôtre nous doit toûjours faire trembler, dés qu'il n'est pas directement conforme aux anciens & aux modernes d'une excellente raison. C'est pourquoi vous voyez que ces personnes élevées, ces esprits sublimes qui se portent aux choses merveilleuses avec facilité, consultent tout, s'instruisent sans cesse, & s'approuvent peu. A quelque degré que l'on porte la ſcience en general ou en particulier, quand on ſeroit le premier dans tous les Arts enſémble, & que par l'excellence d'un eſprit angelique on auroit ſurpaſſé les connoiſſances humaines, on ne verroit que mieux le peu de choſes dont l'homme eſt capable, & la vraye humilité eſt la plus infaillible preuve qu'un homme eſt ſçavant ; on doit tout apprendre pour ſe connoître mieux, & pour s'eſtimer moins & par une application perpetuelle, il faut s'inſtruire des grandeurs de Dieu en qui ſeul eſt la veritable ſcience de toutes choſes, & la plenitude des connoiſſances éternelles.

LES ECONOMES.

CHAPITRE VII.

UNe des plus loüables vertus des femmes leur sert aujourd'huy de prétexte à tolerer un vice affreux, & l'économie si necessaire dans les familles pour empescher la dissipation des biens, cache aujourd'huy l'avarice qui fait usurper celuy d'autruy. On ne compte plus ce qu'il faut dépenser pour le necessaire, mais ce qu'il faut épargner pour le superflu; car il n'est point de superflu plus manifeste, que celuy d'un argent caché qui ne sert ni à autruy, ni à nous-mesmes, & qui ne porte d'autre interest qu'un amas de colere & de reprobation pour l'éternité. Une femme, à qui la galanterie & la vanité n'ont point touché le cœur, doit apprehender l'interest, & il est bien rare qu'elle s'exempte d'aimer les richesses lorsqu'elle méprise l'ambition. Le temperament qui la porte à mener une vie cachée, la porte à cacher son argent, & tout l'amour qu'elle témoigne pour les choses raisonnables, n'est effectivement que pour le bien. Une femme avare revétuë du titre d'économe, est d'une vigilance, d'une justesse, & d'une lumiere merveilleuse. Rien ne previent ses soins, rien ne surprend son exactitude, rien n'échape à ses connoissances. Comme son desir l'inquiete, elle prend moins de repos qu'une autre; comme la crainte qu'elle a de perdre, la fait examiner toutes choses de prés, elle ne dépense rien d'inutile, & sa vivacité luy fait voir dans sa maison tout ce qui s'y fait sans rien obmettre, & mesme ce qui ne s'y fait pas; car sur la fausse opinion qui la préoccupe, elle s'imagine ne ſouvent ce qui n'eſt point. Cependant ſa vigilance la fatigue, ſon exactitude l'afflige & ſes lumieres la trompent ; elle ſe reproche la pareſſe, la facilité, l'aveuglement ſans ſonger à l'avarice qui eſt la ſeule choſe qui la trouble, & qui luy fait prendre mille peines qui n'ont de fruit que le peché. Ce n'eſt pas ce tourment perpetuel qu'une femme ſe donne, qui fait la femme œconome ; on le peut eſtre ſans mouvement, & ſouvent une femme turbulante en épargne moins qu'elle n'en perd. Combien voit-on de celles qui retranchent du necessaire, qui à force de dépenser peu, se mettent en estat de ne dépenser rien, & risquent tout dans l'esperance d'un gros gain. Ce n'est plus le tems de la vertu ; on porte toutes choses à l'extrêmité ; si on dépense on est prodigue ; si on épargne, on est avare. Une femme que l'avarice aveugle est bien plus à plaindre qu'une autre ; car elle est incorrigible. Des autres crimes on ſe reconnoiſt coupable, & de celuy-là on s'aprouve dans ſon peché. L'endurciſſement en eſt inſeparable; parce que l'uſage, la raiſon, la prudence, la neceſſité même nous engagent à l'économie, & de l'économie à l'avarice il n'y a qu'un pas; on ne croit jamais l'avoir fait. Un juſte eſt auſſi rare dans la loy nouvelle, qu'il l'eſtoit dans la loy ancienne. L'on a bien de la peine à ſe tenir quand le pas eſt ſi gliſſant; mais c'eſt au triomphe de ce vice approuvé que je veux conduire les femmes du ſiécle ; je voudrois bien leur oſter l'eſprit de ménage du fond de leur cœur, retrancher cette vivacité de leurs actions, qui fait voir de la paſſion dans les ſoins qu'elles ſe donnent. Je voudrois qu'une legere perte impreveuë ne ſurprît jamais juſqu'à fâcher ; que ces petites portions de bien que mille incidens retranchent, ne retranchaſſent rien du repos. Il ſeroit agreable de voir une femme ſage & reglée ; toutes celles qui ſe piquent de l'eſtre, n'ont d'autre merite que de la fineſſe à acquerir, de la fermeté pour conſerver, & de l'apprehenſion pour perdre. On les voit employer tous les reſſorts de leur eſprit à trouver des moyens d'augmenter leurs revenus, ſe donner toutes les peines imaginables pour conſerver ce qu'elles poſſedent ; & ſe chagriner juſqu'au deſeſpoir dans la veuë des dépenſes d'obligation, & des malheurs qui peuvent arriver. Si bien que le tems paſſé fait leurs regrets, le preſent leurs chagrins, & le futur leur crainte. Tourmentées par le cœur & par l'eſprit, elles n'ont des yeux que pour la fortune; tout ce qu'elles font eſt par rapport à elles, & juſques aux œuvres de pieté même, elles ſont intereſſées, dans l'intention. Elles eſperent de leurs prieres la proſperité de leurs maiſon. Et cela eſt ſi vray, que lorſque les devoirs de la religion s'oppoſent à ceux de leur économie; on retranche un peu des premiers, pour ne rien oster des seconds, & on ne se fait pas scrupule en fait de ménage de prendre soin de sa maison, avant que d'en prendre de son salut. Le calme d'une conscience avare est un estat digne de compassion; aucun trouble ne la réveille de cette letargie d'interest qu'elle accorde avec sa raison, quelquefois mesme elle rend grace à Dieu de cet estat funeste, comme d'un don de sa misericorde, le remerciant souvent moins du bien qu'il luy a donné, que de l'amour qu'elle porte à ce bien qu'elle a receu. Car la reflexion que sa charité luy fait faire à la veuë d'un malheureux dans l'indigence, n'est autre que la resolution de bien conserver ce qu'elle a, de peur d'y tomber. Une femme avare cherche par tout quelqu'un plus avare qu'elle, afin de le prendre pour modéle, & le donne pour exemple : & la suite de ce soin est de fixer sa perfection à porter l'avarice jusques au dernier excés, & à l'exercer

sur

ſur toutes choſes dans ſon domeſtique, retranchant une partie du neceſſaire, ne donnant de nourriture que ce qu'il en faut pour faire languir, & non ce qu'il en faut pour vivre; ſe refuſant à ſoi-même tout ce qu'elle pourroit accorder aux autres ſans ſe faire tort; & menant une vie miſerable ſous ce prétexte honnête de l'économie. Prétexte qui la trompe en abuſant les autres, & qui luy fait faire des choſes honteuſes dont elle tire gloire en ſecret, ſe loüant en elle-même de mille lâchetez qui luy épargnent quelque argent, & qui luy coûtent plus d'honneur qu'elle n'a de bien. Point de raiſons ni de Chriſtianiſme, quand il s'agit de ſon propre intereſt. Elle oublie les droits du ſang, de l'amitié & de la reconnoiſſance, dés qu'il s'agit de l'utilité, & que la fortune eſt intriguée dans l'affaire. Elle ne ſe ſouvient point de tout ce qu'elle doit faire, mais de tout ce qu'elle doit avoir, & l'intereſt ſeul juge toutes ſes affaires & regle toute ſa conduite. Une femme économe ne fait bon viſage à ceux qui vont chez elle, que par rapport au profit qu'elle en tire. Le droit d'aîneſſe, de bienveillance & d'amitié eſt toûjours pour le plus heureux de ſes enfans. Sa douceur dans ſon domeſtique eſt pour celuy qui luy coûte moins, quoy-qu'il ſerve plus mal qu'un autre. Sa diſtinction parmi ſes amis, eſt en faveur du plus opulent; parce qu'il ne ſçauroit eſtre à charge, & qu'elle ſe promet de ſon credit & de ſa faveur des ſervices, dont elle exprime la grandeur par la civilité qui les cherche, & dont elle marque la petiteſſe par l'oubli qui les ſuit. Voilà la ſource & le principe de l'économie d'aujourd'huy qui a beſoin de la regle pour ſe corriger : Elle ſuit ce chapitre.

LA REGLE.

CHAPITRE VIII.

L'Ordre est si necessaire, que les Monarchies, les Republiques, les Communautez, & les Maisons particulieres ne ſubſiſteroient pas long-temps, ſi la Regle qui s'y obſerve n'eſtoit la ſource de cette regularité de mœurs, & de cette économie de dépenſe qui s'y pratique. C'eſt la Regle qui maintient le repos, la ſanté & la fortune. On ne ſe trouble point de mille inquietudes, quand on regle ſes affaires & ſon tems; on ne s'oppoſe point à la bonté de ſon temperament, quand on prend le ſommeil & lé repas avec moderation, & l'on n'épuiſe pas ſa bourſe, quand la regle fixe les dépenses. Cette regle équitable ne permet pas d'aller plus loin que ses forces, quand on la consulte de bonne foy ; on met bon ordre à son estat, & il est rare de mourir chagrin, infirme ou pauvre, quand on l'a toûjours pratiquée. Elle est cette vertu qui concilie l'autorité & la licence, l'avarice & la prodigalité, & qui par l'approche de ces deux choses opposées, fait une bonne chose de deux mauvaises, & empesche l'excés où ces vices differents portent chaque particulier ſelon ſon temperament. Elle n'eſt pas ſeulement neceſſaire à chaque famille, à chaque perſonne; mais encore à chaque choſe que nous faiſons. Il eſt bien difficile qu'un don, un achat, un payement ſoient bien faits, s'ils ne ſont ſelon la regle, qui preſcrit d'achetter les choſes ce qu'elles valent, de payer ce qu'on doit, & de donner ce qu'on a, afin que l'équité particuliere de chaque œuvre rende la maſſe de nos actions juſte, & le cours de la vie heureux. Car le contentement le plus parfait eſt celuy de la tranquillité de l'ame, & cette joye complette ne ſçauroit ſubſiſter où regnent le crime & le vice. Le partage d'une conduite dereglée, c'eſt la haine des bonnes choſes & l'habitude des mauvaiſes. L'excés eſt la ſeule choſe qui plaiſe à un eſprit où la raiſon ne domine pas ; & la raiſon eſt trop amie de la regle, pour reſter compagne du vice, elle le chaſſe, où il la détruit ; c'eſt un combat qui ne dure guéres, car le plus fort l'emporte, & le plus ſage s'enfuit. Le vice en uſe en tyran, & la raiſon en victime, & la ſuite de ces mouvemens paſſionnez eſt un remords cauſé par le crime ou par le malheur. Le déreglement n'éloigne pas moins une ame de la juſtice & de l'honneur que de la vertu : car un eſprit ou un cœur, qui ſe laiſſe emporter par la violence du penchant qui ſoûmet ſon entendement & ſa volonté aux plaiſirs de ſon inclination, & qui ne regle ſes actions que par les mouvemens du déreglement, que fait-il par ce desordre universel, sinon de communiquer à toutes ses affaires les malheurs de son ame, & de se faire une confusion, dans laquelle il confond la voye de la verité avec le chemin du mensonge, & s'égare de nouveau par le déreglement d'une reflexion qui l'afflige? Il n'est plus capable de cet heureux retour du peché à la grace, du trouble au repos; il luy faut des conseils étrangers pour regler ſes propres affaires ; & il eſt moins habile ſur ſes intereſts, luy qui les ſçait, que celui qui les ignore. La ſource de ce deſordre eſt, d'avoir abandonné la regle qui fixoit ſes devoirs, & d'avoir donné dans des paſſions qui déregloient ſa conduite & ſa maiſon. Ce déreglement perd les uns par l'abondance, & les autres par l'avarice. Les hommes ſont ſujets à ce premier défaut; ils s'abandonnent aux joyes de ce monde, & ſans reflexion ils donnent à leurs plaiſirs tous les moyens de leur fortune. Quelquefois ils trouvent ces meſmes plaiſirs dans les dehors pompeux d'un éclat imaginaire, & quoiqu'il en coûte à la conſcience & à la bourſe, ils n'épargnent rien pour déregler l'état de leur équipage en augmentant leur train & leur ambition. Pour les femmes à qui l'eſprit d'avarice eſt naturel, leur déreglement eſt bien different. Elles n'augmentent rien chez elles que le vice. Leur épargne leur fait retrancher toutes choſes ;

& leur regle consiste dans des diminutions perpetuelles dont la pratique leur devient coûtume, & pour changer leurs maximes, c'est en vain que la regle crie par toute leur maison. Rien ne les touche; un malade mal soigné, un enfant mal vêtu, un valet mal payé & mal nourri, tous ces dereglemens n'ont point d'effet sur leur opinion. Elles mesmes souffrent de leurs épargnes & croyent en devoir souffrir; & pourvû qu'il ne se dépense rien de superflu, dût-on retrancher la dépenſe neceſſaire, tout paroiſt bien reglé pour elles. Ce ne ſont pas là les loix qu'une regle équitable veut que l'on obſerve; ſi elle défend l'excés, elle ne défend pas moins l'épargne; ſi elle abolit les feſtins, elle ordonne les repas; & quand elle retranche les mets ſuperflus, ce n'eſt pas pour ôter les alimens neceſſaires. Si elle s'oppoſe à la magnificence, elle eſt amie de la propreté, & ſon principal ordre eſt de borner chacun à ſa condition, &

de permettre tout ce qui ſe peut faire ſans ſortir de ſon eſtat.

Reglez voſtre vie ſur celle de Jeſus-Chriſt, & voſtre charité pour les pauvres, moins ſur ce que vous avez receu de biens, que ſur ce que vous avez receu de grace; & ſi la regle vous eſtoit inconnuë, elle vous ſera bien-toſt familiere par ce moyen

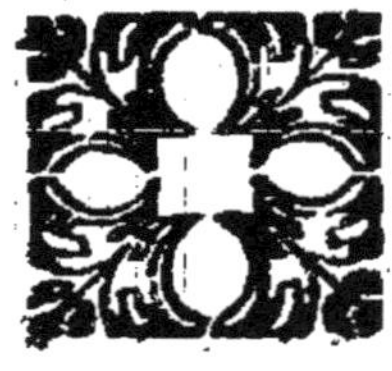

LE

LE CARACTERE DES JOUEUSES.

CHAPITRE IX.

LE jeu eſt une dange-
reuſe paſſion : quel-
quefois il fait perdre en

un jour, plus qu'on ne peut dépenser en une année, & la maison la plus riche & la mieux reglée ne sçauroit tenir contre la dissipation d'une joüeuse, qui pour son plaisir perd son repos, & à qui le jour entier ne suffit pas pour ses parties ; il faut encore que la nuit s'en mesle, & què toute la vie ne soit qu'un tissu de jeux perpetuels. Une femme à qui un mauvais naturel a donné cette inclination, à qui l'habitude a fortifié ce penchant & qui s'en est fait une coûtume, n'a point d'autres desirs, neglige tout autre soin, & par une préoccupation passionnée se fait une loy, un honneur, & une regle de son jeu. Elle en consulte les devoirs & les remplit parfaitement: elle en suppute les dépenses & y fournit entierement: elle en approuve les ordonnances, & les observe régulierement. C'est pourquoy on la voit rarement aux Eglises, aux visites de bienseance, ou chez elle. Elle renonce par la profession de joüeuse à la pieté, à l'honnesteté, &

à la régularité. Elle ne ſçauroit fournir aux obligations de tous ſes devoirs, quand ſa paſſion luy en impoſe d'autres, qui ſont ſi preſſans, ſi actifs & ſi continuels, qu'ils ne luy reſte du temps, du goût, ni de l'amour pour autre choſe. Elle ne hait les autres divertiſſemens que par l'amour du jeu. Elle n'épargne toutes choſes que pour la dépenſe du jeu, & ce n'eſt qu'à ces tables qui cauſent la perte du bien, en donnant l'avidité des richeſſes, que toute la joye des son ame se répand avec profusion. Le divorce que l'interest y fait naître par les disputes, n'est qu'un sel pour réveiller son avidité. Sa colere est amie de sa joie. Les femmes ne s'emportēt que pour se tranquiliser, elles ne se tranquillisent que pour s'emporter plus souvent. C'est dans ces mouvemens opposez qu'elles trouvent leur santé & leurs plaisirs; & on ne les voit jamais plus contentes que dans le tumulte des Academies, où l'interest, l'avarice & la trahison regnent dans un nocturne empire. C'eſt-là où leur paſſion ſe fortifie, leur bourſe ſe vuide, & leur vie s'écoule. C'eſt là où une femme perd toutes les idées de la vertu, & où mille paſſions honteuſes ſe gliſſent ſous le voile de cette paſſion publique; on y donne des rendez-vous pour la volupté auſſi-bien que pour l'intereſt. Ces aſſemblées criminelles favoriſent le demon de l'impureté autant que celuy du blaſphême. La fureur & la débauche s'y trouvent, & parmi cette effroyable ſocieté, une honneſte femme ſe pique de tenir ſa place, & ſe fait une reputation dans le monde d'eſtre du nombre de celles qui joüent. Il ſemble meſme qu'elle tire gloire des malheurs, qui la puniſſent publiquement de ſon deſordre. Car elle ſe vante hautement des pertes qu'elle a faites; elle s'en veut faire un merite pour s'en conſoler, & ne ſonge jamais que ce ſuperflu, qu'elle abandonne au ſort, eſt un dépoſt que la Providence luy a confié pour le ſoulagement du pauvre. Mais comment l'interest de sa Religion & de son prochain seroit-il capable de la toucher & de guerir sa volonté, puisque des raisons plus sensibles quoique moins fortes ne font aucun effet sur son cœur ? Sans se borner au superflu, elle dissipe son necessaire, & la veuë d'un mari chagrin, de plusieurs enfans malheureux, d'une maison ruinée, & de tous les maux où elle s'expose, ne suffit pas pour la rendre sage. Il faut que la pauvreté la bannisse

nisse plûtost du jeu, que la raison ne bannit le jeu de son cœur, & qu'elle soit la risée de tout le monde avant que de le quitter. Quel aveuglement? qu'elles tenebres, les passions répandent dans une ame? Elle ignore jusqu'aux maux qu'elle souffre, & quand elle ne peut plus guerir ses passions ni les satisfaire, c'est alors qu'elle examine son estat. L'impossibilité où elle est de continuer sa mauvaise conduite la luy fait connoistre; elle voit un nombre de malheurs causez par une seule passion ; elle apperçoit les suites des mouvemens déreglez du cœur, mais cette connoissance ne l'éclaire qu'à demi, elle hait les effets dont elle aime encore la cause, & son plus grand regret n'est pas d'être malheureuse, mais de ne pouvoir plus se la rendre, & d'estre reduite à connoître un mal qu'elle aime toûjours. Car enfin nous voyons bien des gens revenir de l'exercice du jeu, mais nous n'en voyons point revenir de l'affection qu'ils luy portent ; on ceſſe de joüer, on ne ceſſe pas d'aimer le jeu, & ce fond d'injuſtice qui nous reſte, ſe garde pour renouveller ſa fureur à la premiere occaſion qui ſe preſente, & pour nous arracher le peu que la Providence nous renvoye. On en voit qui ſe tourmentent & ſe donnent des peines infinies, & tout le fruit de leur labeur eſt immolé ſur une carte. Ils travaillent un mois pour joüer une heure, & leur travail eſt auſſi coupable que leurs plaisirs, ne faisant l'un que pour l'amour de l'autre, & cette préoccupation les rend également passionnez dans tous les momens de leur vie. Si une femme Chrétienne sçavoit l'extrémité où conduit cette passion, & la difficulté d'en sortir quand elle s'y engage; on ne la verroit pas se permettre ce dangereux exercice, & regarder comme coupables tous les autres divertissemens, pendant qu'elle se tolere celuy-là comme innocent. C'est la plus seduisante pasſion ; parce que ſon commencement eſt approuvé de tout le monde; elle n'eſt blâmée que dans ſon dernier excés, & perſonne ne croit y arriver. Son regne, qui commence ſous prétexte de recréation, s'accroit ſi imperceptiblement, que ſouvent ce plaiſir devient neceſſité, & d'une heure que l'on y employe, on y paſſe toute ſa vie, & ce trajet de paſſion on le fait ſans qu'on y penſe, & on y penſe encore moins quand on l'a fait. Car le temps s'y écoule avec tant de facilité, que faute de s'en appercevoir la perte est sans ressource, le terme de la vie finit & l'éternité commence. Ce grand tissu de jours se trouve achevé, sans que la vertu ni l'occupation en ait rempli le cours, & de tant de momens dont nous estions les maistres, il n'en reste plus qu'un pour regretter les autres. Ce dernier a une plenitude de lumiere pour nous punir; son petit espace renferme l'idée de tous les autres, & la veuë de cette infinité de momens passez, nous fait sentir l'éternité des siécles à venir, pendant lesquels nous répondrons de chaque minute de nostre vie. Si tous nos instans sont contez, combien les devons-nous ménager pour nostre perfection? & si toute la vie doit estre une priere perpetuelle, faisons que les momens où nous cessons d'estre élevez jusqu'à Dieu, ne soient pas des momens d'oisiveté, mais que l'occupation les rende utiles & vertueux, & que le tems ne soit jamais inutile pour le salut.

L'OCCUPATION

CHAPITRE X.

L'Oisiveté est de toutes les inclinations naturelles la plus mauvaise & la plus dangereuse. Elle conduit à tout ce qui est de plus imparfait & de plus criminel. Il est rare qu'une perſonne née avec cette malheureuſe diſpoſition ait beaucoup de raiſon & de vertu. C'eſt ce qui fait que l'occupation eſt ſi neceſſaire à tout le monde ; il ne faut pas qu'il y ait un moment de vuide dans la vie d'un honneſte homme , ni d'une femme ſage. C'eſt pourquoy non-ſeulement une femme raiſonnable doit remplir ſes devoirs, il faut qu'elle rempliſſe ſon tems, & que tous ſes momens peſez au poids du Sanctuaire , ſoient des momens pleins , qu'elle commence ſon travail avec ſa vie, que ſa vie ſoit une action continuelle pour la gloire de ſon Dieu, & que ſi les differens âges, qui la compoſent, en changent les occupations, que ce ne ſoit que pour les rendre plus vertueuſes, plus nobles & plus étenduës; qu'on ne voye jamais une femme Chrétienne dégagée de ſoins. La Providence luy a impoſé un perpetuel travail auſſi bien qu'aux hommes, en luy laiſſant celuy de ſon ſalut: il luy faut pour le remplir une vigilance zelée, qui la retire du funeste repos de l'amour propre. Il faut estre animé quand on est cóvaincu de la verité, & l'on ne manque gueres de courage, quand on ne manque point de foy. C'est le fond du cœur qui est gâté, & ce fond de corruption est la source de cette vie molle que menent les femmes du siecle. Si la Religion estoit cruë, elle seroit pratiquée, mais on la professe sans la connoistre, on la connoist sans la croire, on la croit à demi sans la pratiquer,

& cette multitude de desordres rend l'ame tiede pour les choses de l'éternité. Il ne faut pas estre surpris si une femme qui n'a pas plus de Religion qu'une autre, a plus d'amour propre qu'il n'en faut, & si elle cherche le plaisir plûtost que l'occupation.

L'oisiveté est la voye du crime & de la volupté, & s'il est plus difficile de plaire aux hommes qu'à Dieu. il est plus facile aux femmes de chercher à plaire aux hommes, que de faire toute autre chose. Ce desir les entretient dans une vie sans action, & pour rectifier ce penchant malheureux qui les porte au monde, il faudroit que le cœur fut touché d'une onction divine, & que la grace fit un effet extraordinaire en leur faveur. Mais cette grace n'agira point sans elles ; il faut concourir à sa vertu divine, il faut commencer sa conversion si ce n'est en quittant d'abord le crime, c'est en quittant l'oisiveté, cause premiere de toutes les passions qui nous rendent coupables. C'est pourquoy point de divertissement, point de repos : que la priere commence & finisse le jour : il ne s'agit pas seulement de travailler, il faut travailler pour Dieu. On ne se lasse jamais quand l'intention nous anime, & le moyen d'agir efficacement & constamment, est de songer que le temps est la voye de l'éternité, que sa perte est irréparable, & que de s'amuser dans la voye du temps, c'est s'éloigner du chemin de la vertu. Ce mesme temps est d'une durée infinie, lors qu'il faut souffrir dans ses espaces ; il est d'une promtitude inexprimable, quand le plaisir en remplit les momens. Mais pour ceux qui ne le remplissent de rien, il est ce vuide qui comprend leurs desordres, & qui attire leur condamnation. Terme court & inconnu ! moment précieux & funeste, temps de qui d'épend l'éternité, serez-vous toûjours oublié, toûjours negligé, & toûjours passé sans utilité & ſans vertu ? L'intereſt & le plaiſir ſeront-ils ſans ceſſe la cauſe de toutes les démarches ? n'agira-t-on que pour s'enrichir & pour ſe ſatisfaire ? L'avarice & la volupté regneront-elles toûjours ſouverainement au fond du cœur ? Paſſera-t-on ſa vie à ſervir ſa fortune ou à perdre ſon bien, & ne ſçauroit-on par un genereux effort ſeparer la volonté du penchant, ſatisfaire les beſoins de la nature ſans contenter ſes deſirs, & regler ſes momens d'une maniere qui les

les exemte du crime & de l'oisiveté ? Il n'est point d'estat qui n'ait besoin de tout son temps pour en remplir les devoirs, & c'est autant d'instans volez à ces mesmes devoirs que tous ceux qu'une femme passe au jeu. N'y eut-il que cette faute qui la rende coupable, elle l'est infiniment, si ce n'est pas du mal qu'elle a fait, c'est du bien qu'elle a negligé ; & l'obmission du bien n'est pas moindre que l'œuvre du mal, & c'est une verité fort ignorée. On se repoſe ſur l'innocence apparente de ſon oiſiveté ; on s'applaudit comme vertueux ; parce qu'on n'agit pas comme criminel ; & dans le cours d'une vie tiede condamnée par Jeſus-Chriſt, on ſe promet les recompenſes de l'éternité reſervées à ces violens marquez par l'Ecriture, qui s'arrachent à tout, & qui agiſſent toûjours pour la gloire du Seigneur. Zele d'action, empreſſement vertueux, deſſein de la Providence, occupation qui eſtes inconnuë aux libertins, & negligée par les Sages ; il n'eſt plus tems de vous connoiſtre, quand on ne peut plus vous pratiquer ; & l'on ne peut plus vous pratiquer, quand il ne reſte plus que le temps de vous connoître. On ne vous neglige pas ſans danger, puiſque l'on ne peut conſtamment éviter le crime & conſerver la vertu que par vôtre ſecours. Vous eſtes ſi neceſſaires à la vie chrétienne, que ceux qui veulent ſe donner à Dieu de bonne foy, & renoncer aux maximes du ſiecle, ne doivent pas vous quitter un moment, il faut que leur vie ſoit une occupation continuelle, & que leur temps ſoit rempli, afin que leur éternité ſoit heureuſe.

LE CARACTERE DES PLAIDEUSES.

CHAPITRE XI.

SI la tranquillité de l'ame & le repos du cœur est une felicité complete, le trouble & l'inquietude continuelle doivent estre un mal veritable ; & c'est le partage de ceux qui plaident & sur tout des femmes, qui plus sensibles à tout ce qui les touche, que ne sont les hommes, s'inquietent, s'épouventent, s'affligent & se troublent plus aisément Quand leur interest blessé les porte à défendre leurs droits, & que la justice d'accord avec leur humeur, fait qu'elles s'abandonnent à leurs propres affaires, & se livrent.

en proye au ſoin d'un temporel qui les occupe toutes; Vous les voyez ſans relache donner tout leur tems, tous leurs ſoins, tout leur eſprit, & ſouvent tous leurs vrais biens, pour en conſerver dautres dont elles ne joüiſſent qu'en ſpeculation. Quand une fois le cœur a pris goût dans un intereſt diſputé, & que la difficulté a reveillé le deſir, que l'habitude a commencé à fortifier l'inclination, & que l'occaſion offre une fortune ou quelque offenſe qui animе, le moyen de ne pas plaider? On se fait un plaisir d'anticipation; on conte sur ce que l'on souhaite; le desir asseure de la possession: & sur ce fondement on agit, on travaille, on fait joüer tous les ressorts qui l'imagination peut fournir, pour faire réüssir ce que l'on projette. On employe tout pour un rien qu'on s'est imaginé, & on ne se reproche ni sa faute ni son ignorance, quand tout nous fait confusion. Au contraire, quand la malice, ce, l'injuſtice ou l'intereſt ont fait jour à une femme dans la Juriſprudence, & qu'elle commence à connoiſtre les voyes par où il eſt permis de diſputer ſelon les loix humaines, elle s'applaudit, & cette reſtriction de ſon ignorance augmente; on ajoûte la ſuperbe à ſes autres defauts; quelquefois meſme ſa prévention luy fait continuer des procés où ſon intereſt n'a plus de part, & elle plaide moins pour gagner que pour paroiſtre, & pour contenter ſa vanité. C'eſt une chose insupportable qu'une femme qui sçait le Droit par pratique, & qui par une discussion d'affaires conduites selon les regles, s'est instruite de cent differens tours de chicane, où elle s'est laissée surprendre, & qui luy ont encore moins fait perdre de biens que d'esprit: car l'effet naturel du procés est de renverser la cervelle, si ce n'est par la folie, c'est par l'entestement; & les femmes soutiennent ce mouvement d'esprit par merveille. Le trouble des affaires leur ſert d'occupation, & ce qui les applique d'abord, les divertit dans la ſuite. Elles goûtent par une certaine inclination ſecrette qui leur eſt propre, plus de joye dans le divorce que dans la paix. C'eſt pourquoy l'application du procés eſt une occupation agreable pour elles. Elles nourriſſent elles réveillent, elles contentent toutes leurs paſſions par ce moyen. L'intereſt, la haine, la médiſance, l'amour propre, la volupté meſme y trouve ſon conte. On cherche à plaire, on plaît; les charmes ne ſont pas inutiles; on met tout en uſage pour engager les Juges dans ſon intereſt. La beauté emprunte le ſecours de l'art; l'eſprit n'épargne rien de ſon fond pour piquer, pour toucher, pour fléchir le cœur du Magiſtrat de qui dépend l'affaire, & tout ce qu'il en coûte à la verité, à la ſageſſe, & à la vertu, eſt compté pour rien, pourvû que l'on gagne ſa cauſe. Cent crimes que l'on ne ſçauroit ignorer & commettre, ſont attachez à la pourſuite d'une affaire; mais cent autres que l'on ignore en les commettant mettent le comble au deſordre d'une ame, & la rendent coupable ſans retour. Les haines délicates que le temps & l'éloignement avoient preſque enſevelies dans un oubli éternel, ſe reſſuſcitent ſous pretexte de quelque intereſt que l'honneur engage à ſoûtenir, & ce premier pas, qu'une paſſion cachée nous fait faire, ſemble nous obliger à mille autres démarches criminelles. Pour faire croire la verité que l'on avance, on l'exagere jusqu'au mensonge; & pour détruire le mensonge de ses parties, on calomnie jusqu'à leur personne: & par le droit que l'on a sur quelque interest temporel, on prend droit sur toutes choses, & on se permet de dire tout ce qu'on sçait, d'imposer ce qu'on veut, & de tout faire pour conserver ce droit, qui n'est souvent qu'imaginaire. Le temps n'est point compté; les soins ne sont point negligez ; l'argent n'eſt point épargné ; la ſanté. n'eſt point conſervée, & l'ame n'eſt point regardée. C'eſt le plus oublié que le point du ſalut ſur l'article d'un procés, ſur tout aux femmes qui prévenuës par l'envie, animées par l'intereſt, & fortifiées par la haine, ne démordent point de leurs ſentimens. Les meilleures raiſons qui les condamnent, ne peuvent les convaincre, ce qu'elles entreprennent en leur faveur leur paroiſt toûjours juſte, & rarement un procés ſe termine par accommodement, quand ce ſont des femmes qui le pourſuivent. Elles ſe font d'une affaire un tiſſu d'occupations & de plaiſirs; les differentes ſituations de l'affaire font un agrément de nauveauté qui les dédommage de leurs peines: leurs paſſions s'y exercent tour à tour, & la fin de leur vie precede celle du procés; leur entrepriſe imparfaite eſt un regret qu'elles emportent à la place des vertus qu'elles ont negligées, & le ſoin de leurs procés en cette vie va terminer l'affaire de leur salut en l'autre.

Si une femme Chrétienne examinoit les engagemens funestes où ses soins la conduisent, elle ne plaideroit pas avec tant de facilité. La perte du tems, l'éloignement de Dieu, l'oubli de soy-mesme, mille autres motifs retiendroient sa vivacité interessée, & crainte de perdre son ame, elle ne la risqueroit pas pour conserver son bien. Ce n'est pas seulement la vertu qui s'efface, l'honneur, la bienſeance, l'honneſteté, toutes les bonnes qualitez ſe détruiſent, où l'amour du procés domine. Plus de juſtice pour les autres, plus de reſpect pour les rangs, plus d'égard pour les âges, le ſeul amour propre fait tout oublier. On ne ſonge qu'à ſoy; on ne parle que de ſoy; on accable tous ſes amis de la préoccupation dont on eſt enyvré. Cette meſme préoccupation oſte la liberté d'écouter leurs avis; plus leur raiſon veut nous éclairer, plus l'obſtination ſe fortifie : & en voulant nous approcher de la verité & de la juſtice, ils s'éloignent de noſtre eſtime ; & nous negligeons leur merite, parce qu'ils nous découvrent nos défauts. Nous voulons être flattez dans nos erreurs & de toutes les erreurs la plus dangereuſe eſt celle que l'on choiſit, que l'on examine, ſur qui l'on reflechit, qui nous entretient, qui nous occupe, qui nous trouble, qui nous ſatisfait, qui nous flatte, qui nous venge, qui nous enrichit

& qui nous dure en nous plaiſant. Voila l'image du procés & tout l'effet qu'il fait ſur le cœur d'une femme. Il ne faut pas s'étonner des maux qu'il cauſe, mais il faut les prévenir, les eviter ou les guerir. La paix en a tous les moyens ; c'eſt elle qui ſçait, & qui peut faire le repos du cœur & de l'eſprit. Elle aprend à conſerver ſon bien ſans procés, ou à plaider ſans offenſer Dieu.

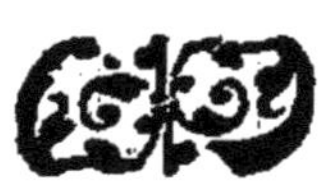

LA PAIX.

CHAPITRE XII.

LA paix eſt un bien que l'on cherche. On ne connoît pas les charmes qu'elle poſſede, quoyque l'on s'empreſſe pour les biens qu'elle procure ; & faute de ſçavoir le prix de ſon repos, on ne trouve jamais le terme de ſa perfection. Il faudroit être instruit de ses qualitez & de ses effets, de ce fond de bonheur qu'elle donne & de cette felicité douce & tranquille qui ne se rencontre qu'avec elle; pour la chercher avec effet & la trouver avec facilité. Quelle foiblesse dans le trouble d'une vie tumulteuse, pleine de soins que l'esprit embrasse avidement, de s'imaginer trouver cette paix heureuse qui n'est autre qu'un don de Dieu, un sentiment de la divinité, un état oú la puissance des choſes étrangeres n'agit plus, & qui éclairé, ſeparé, détaché des choſes du monde s'eſt élevé au deſſus de la crainte & du deſir qu'elles font naître. Voilà en quoy conſiſte la paix dans une vertu raiſonnable, ou dans une raiſon vertueuſe, qui comprend une volonté droite & un jugement ſain, un cœur ſolidement attaché à ſes devoirs, un eſprit fortement convaincu de la verité, & qui la voit, la ſuit & l'aime par tout. La droiture de l'eſprit & du cœur n'eſt pas au deſſus de nous comme l'on ſe l'imagine. Il ne nous eſt pas libre d'élever nos connoiſſances juſqu'à certaines étendües, mais il nous eſt poſſible de les redreſſer juſqu'où elles doivent eſtre. Et ſi la grandeur des lumiéres dépend de la providence, qui partage differemment le ſens commun, la droiture & la verité dépendent de la violence que l'on fait à la paſſion qui s'oppoſe à leur effet. Toute perſonne qui veut eſtre parfaitement raiſonnable, conduit ſa volonté par ſa raiſon & fait dépendre de ſa raiſon la paix qu'elle cherche. Au fond d'un cœur diſſipé de mille embarras, au ſommet d'un eſprit traverſé, entraîné, ſéduit par cent erreurs, on ne rencontre point la paix? Dans l'engagement d'une ame emportée par ſon penchant qui ſe donne ſans ſcrupule à l'attrait d'une paſſion cachée, on ne la trouve pas encore. Son divin repos eſt oppoſé aux mouvemens humains qui nous troublent. Et pour joüir d'une paix veritable, il faut veritablement la chercher dans la verité. La veritable paix consiste dans le repos de l'ame que rien ne peut troubler, il faut estre dégagé de ces sentimens inquiets qui occupent toute nostre vie, de cet interest qui nous porte à tout entreprendre, de cet amour propre qui nous prévient & qui nous rend sensibles à tout. Et cette voye qui nous conduit à la paix, est un chemin détourné que l'esprit ignore. Le trouble de la fortune a des appas qui effacent le repos de l'indigence, & l'on ſacrifie aiſément ſa tranquillité pour ſon bien, ſans ſonger que tous les biens du monde ne valent pas un moment de tranquillité, de cette tranquillité que rien n'altere, de cette paix que l'eſprit goûte, que le cœur aime, & qui ne regne dans une ame chrétienne que pour luy faire ſentir par avance cette immenſité du repos éternel qui luy eſt preparé. Repos, tranquillité, paix qui ne permet ni la vigilance paſſionnée, ni la haine meritée, ni la confuſion des affaires, ni le trouble des diſputes, ni la diſſipation du tems, & qui communique par ſa douceur une indifference pour les richeſſes, une bienvaillance pour le prochain, un amour pour la juſtice, qui fait qu'on évite tout ce qui peut troubler. Et comme le procés expoſe une ame à cent dangers nouveaux d'offencer Dieu, elle les fuit au peril de ſa fortune, & quand elle s'y trouve engagée malgré elle, elle les ſoûtient, elle les pourſuit, elle les termine, fondée ſur la verité. Son cœur également paiſible dans l'occupation que luy donne une affaire, n'employe que des moyens permis pour la gagner; parce qu'il eſt exemt de cette crainte ſervile & criminelle de perdre, que l'intereſt fait naiſtre dans ceux à qui la paix eſt moins chere que la fortune.

Fin de la premiere partie.

DESCRIPTION DE L'AMOUR PROPRE; PASSION DOMINANTE DES FEMMES.

II. PARTIE.

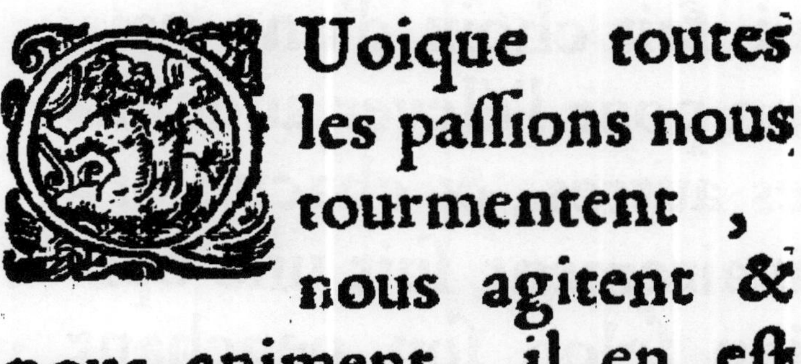

Uoique toutes les passions nous tourmentent, nous agitent & nous animent, il en est toûjours une dominante & maistresse des autres, & chacun sent en luy-même une souveraine passion qui servant de mobile aux autres, nous entraîne où il luy plaist, & nous porte par sa violence à cent égaremens differens, dont nous pouvons à peine nous défendre par l'attrait que nous trouvons à la suivre. Le temperament est celuy qui fait choix d'une passion pour l'élever audessus des autres, & chacun ordinairement suit une opinion selon son penchant &

& une paſſion ſelon ſon naturel. Mais je ne cherche point dans ce diſcours à perſuader que chacun a ſa paſſion dominante, & que l'amour propre eſt la plus dangereuſe de toutes, mais ſeulement à décrire quelle eſt cette paſſion dominante dans les femmes, & d'où vient qu'elles ont toutes la meſme, & que la condition ni le temperament n'empeſche pas l'amour propre d'eſtre la favorite du ſexe, & d'avoir un ſouverain empire ſur toutes les femmes. J'en exemte celles, qui connoiſſant bien la verité que j'avance, donnent tous leurs ſoins pour ſe mettre au deſſus de cette douce paſſion : elles doivent la craindre plus que toutes les autres, parce qu'elle eſt la plus naturelle, la plus utile & la plus ordinaire, & que les femmes l'ont en naiſſant, la raiſon la fortifie, & leur condition les y engage. Comme elles ſont nées plus foibles & plus délicates, elles ſe permettent bien des choſes ; & s'en tolerent beaucoup d'autres ;

c'eſt pourquoy il eſt ſi rare d'en rencontrer qui ſoient exemtes de prévention dans l'eſprit, de goût pour les bagatelles, d'opiniâtreté dans les opinions & d'inconſtance pour toutes choſes. Quand il s'agit de ſon intereſt, une femme n'eſt pas la maiſtreſſe de moderer ſon empreſſement vers elle-meſme, & la ſource de ce deſordre eſt l'amour propre qui la domine, cet amour propre ſi inconnu & ſi imperieux qui tourne la volonté & la fait mouvoir ſelon ſon gré, qui trouble, occupe, agite, détermine, & qui ſans permettre à la raiſon de nous montrer nos devoirs, nous enleve à la verité, & nous engage en tout ce qui nous plaiſt.

C'eſt de cet amour propre dont il faut que je donne une idée. Dans le fond de nous meſmes il eſt un ſentiment qui nous fait déſirer ce qui pourroit nous rendre heureux, & qui nous prévient que ce bonheur eſt dans la volupté de l'eſprit ou des ſens. Entre le deſir de noſtre felicité ſeſon Dieu & ſelon la raiſon, & le deſir que l'amour propre nous inſpire, il n'y a qu'une difference ; l'un nous fait deſirer un bonheur que nous ne comprenons pas, & qui nous fait adorer le ſouverain principe qui le doit faire, & l'autre nous fait deſirer un bonheur que nous puiſſions ſentir & connoître au meſme tems que nous le deſirons. La volupté eſt au fond de l'ame par le deſir de l'amour propre, & la felicité s'y trouve par le deſir d'une ame chrétienne, mais du desir que nous donne l'amour propre, il en naist toutes ces differentes délicatesses ordinaires aux femmes, la prévention, la nonchalance, la vanité, la molesse, l'oisiveté, & cent autres défauts, qu'elles appellent qualitez naturelles à leur sexe. Dés que le fond du cœur est plein de cette indolence, de cet amour de soy-mesme, de ce desir des choses agreables qui nous flattent & qui nous plaisent, s'en est fait pour la vertu, pour la raiſon, pour l'honneur, & pour toutes les grandes choſes, qui demandent une ame élevée au deſſus des ſentimens ordinaires. L'amour propre eſt la ſource de toutes les paſſions & de tous les vices ; il eſt plus difficile à détruire que tous les autres défauts ; ſa tyrannie n'eſtant autre choſe qu'un éguillon qui nous pique & qui nous pouſſe vers nous-meſmes ; de maniere que l'on ſe cherche, l'on ſe flatte & l'on s'aime.

C'eſt une choſe bien facile de s'aimer, puiſque

c'eſt un droit naturel, & qu'il n'eſt point d'eſtre qui ne ſe porte par un mouvement qui luy eſt propre, non-ſeulement à ſa conſervation, mais auſſi à ſa ſatisfaction. C'eſt pourquoy l'amour propre eſt la premiere paſſion, c'eſt-à-dire la plus invincible, quoyqu'elle ne ſoit pas la plus forte, elle eſt la plus naturelle, la plus douce, la plus agreable, la plus ſéduiſante; & toutes ces qualitez-là font de grands effets ſur l'eſprit des femmes. Leur complexion, leur temperament, leur éducation, & leur ignorance les rendent plus sensibles à cette passion, qui agit toûjours avec effet sur le sexe. Il se fait une liaison des qualitez propres qui forment une union entre elles & cette passion, & toutes les autres où les femmes s'abandonnent, ne sont poussées que par l'amour propre, qui les réveille pour servir à ses desseins, & qui s'en sert pour concourir à la perte de la vertu & de la raison. C'est elle qui est la source de cette premiere faute, attachée à l'éducation qui est un rafinement de délicatesse, qui fait prendre un si grand soin de la santé & de la beauté d'une fille, qu'on luy inspire l'oisiveté en luy conservant le repos; pour l'exemter de peine on la prive d'action, & pour trop conserver l'éclat de son tein, on neglige les sentimens de son cœur. Aussi cet amour propre qui éleve son esprit dans l'ignorance, & son corps dans la molesse, luy inspire de voluptueuses inclinations aprés l'avoir élevé dans d'inutiles amuſemens. Dés que la raiſon paroiſt, l'amour propre luy preſente des objets agreables afin de ſéduire ſon goût; il entretient le jugement dans des projets & des deſſeins inutiles & delicieux, & ſelon le penchant du cœur, il nous livre à un eſtat qui nous paroiſt agreable; il retranche meſme des plaiſirs qu'il propoſe, toutes les peines qui les accompagnent, & la joye que l'amour propre promet à l'accompliſſement de nos desirs est toûjours toute pure, il ne la mélange point avec les amertumes, qui se font sentir quand on croit la goûter; & quand on veut se reprocher la fausse opinion que l'on avoit des plaisirs, l'amour propre ingenieux nous flatte sur l'avenir, & nous fait esperer les délices qu'il nous figure, afin de nous abuser aussi longtemps qu'il nous possede. Ce ne sont là que ses moindres effets; c'est luy qui nous fait negliger l'estime des hommes ou la chercher avec trop d'empressement.

De quoy pensez-vous que soit préoccupée une femme, qui s'attache & qui prend des engagemens de cœur, où l'amitié a bien moins de part que l'amour, si ce n'est d'un amour propre excessif, qui fait qu'elle se cherche elle-mesme dans un objet étranger, & qu'elle va inspirer le mesme sentiment dans le cœur de celuy qui l'a fait naistre dans le sien; elle va communiquer l'amour propre qu'elle ressent; elle va porter sa pas- *Les Coquettes.*

ſion au lieu où elle trouve ſa joye, & ſous la figure qu'ils font de s'aimer l'un l'autre, tous deux effecti-vement n'aiment qu'eux-meſmes. Mais ce n'eſt point aſſez; l'amour propre eſt ami de l'intereſt auſſi-bien que de la volupté. Celle que l'on voit par des complaiſances penibles chercher une amitié utile, celle qui ſous de laborieu-ſes occupations, cache un repos qu'elle attend de ſa peine, n'eſt pas moins ſuſ-ceptible de l'amour propre, que celle qui s'abandonne à une vie molle & oiſive. Il eſt un amour propre qui ſoûtient les travaux, comme il en eſt un reveſtu de nonchalance ; c'eſt toûjours le meſme, & le voile d'une pieté qui fait honneur, n'eſt pas moins amour propre, que l'éclat d'une galanterie qui fait plaiſir. On s'abuſe quand on ſe perſuade que l'amour propre regne ſeulement dans les femmes coquettes & mondaines, que c'eſt là ſeulement où ſe trouvent la volupté, la délicateſſe, la vanité l'entêtement, l'orgueil la sensualité, & le soin de contenter les passions, & de donner aux sens tous les plaisirs qu'ils exigent chacun en particulier.

Les Bigotes. Non, ce ne sont pas seulement les fêmes galantes qui sont sujettes à ces défauts, celles qui professent la pieté aussi-bien que celles qui font gloire du desordre, ont un fond d'amour propre, qui leur rend les vices familiers aussi-bien qu'aux autres, parce qu'elles prennent trop peu de soin de l'aneantir. Souvent celles

celles qui ſe piquent d'ê-
tre les plus devotes, ſont
celles qui s'aiment davantage, & parmi tant de vertus dont elles parlent toûjours, la charité ne s'y
trouve point; cette charité qui en les obligeant d'aimer Dieu ſouverainement,
les oblige auſſi de ſe haïr
parfaitement. Et c'eſt ce
qui fait que parmi cette
regularité plus apparente
que veritable, il ſe trouve
toûjours du vieil Adam,
& vous voyez les Bigotes
plus ſenſibles à une injure, que celles de qui l'on

attend les reſſentimens les plus emportez. Elles ont moins de colere & plus de vengeance, parce que l'habitude de la moderation leur rend les prémiers mouvemens plus paiſibles, & les ſeconds plus durables, & l'amour propre leur conſerve la memoire d'une injure, que la charité ſçauroit bien effacer, ſi elle regnoit dans leur cœur.

Les Spirituelles. C'eſt une choſe ſurprenante que l'ignorance des femmes; elle prédomine à toutes leurs lumieres, & l'amour propre en eſt la cauſe. On ne verroit pas une femme d'eſprit ſe flatter, s'applaudir injuſtement, ſe tolerer, ſe pardonner des fautes conſiderables ſi elle s'aimoit moinss. Comme ſes lumieres luy font appercevoir la verité avec plus de facilité qu'une autre, elle auroit horreur pour les foibleſſes que ſon eſprit lui feroit voir dans ſon penchant, ſi l'amour propre ne l'aveugloit & ne la faiſoit entrer pour ce qui regarde ſes intereſts, dans la meſme ignorance des plus ſimples du vulgaire, Elle démeſle les défauts des autres ; elle en ſçait le point, elle en meſure meſme l'étenduë, & rien n'échape à ſes connoiſſances, quand des objets étrangers ſe propoſent à ſon jugement. Mais dés qu'il s'agit de réfléchir ſur elle-meſme, & d'examiner la juſteſſe de ſes penſées & la droiture de ſes actions, ce n'eſt plus le meſme eſprit; cette juſtice qu'elle avoit dans les autres cauſes ne ſe rencontre point dans la ſienne, & quand elle s'examine pour se ré-gler, elle court risque de se déregler davantage; parce que l'amour propre aveugle ses reflexions, & elle se trouve ordinairement plus prévenuë qu'éclairée quand elle a beaucoup reflêchi.

Pour se juger avec fruit, il faut s'examiner avec rigueur. Quand on visite les replis de son cœur pour y découvrir la verité de ses mouvemens, ce ne doit pas estre avec la douceur qui nous est necessaire pour bien juger des autres, il faut eſtre convaincu & pénétré de la flateuſe maniere, dont l'amour propre nous va repreſenter nos méchantes inclinations, & l'on ne ſçauroit eſtre trop ſévere à ſes opinions quand on les veut rendre juſtes. C'eſt ce mélange de douceur & de ſeverité dont une femme doit s'armer dans ſa conduite: de ſéverité pour ce qui la regarde, & de douceur pour ce qui regarde les autres. Sa douceur pour les autres la garentit de la médiſance, & ſa rigueur pour elle-mesme la mettra audessus de l'amour propre, qui est une passion tres-difficile à vaincre, estant la plus universelle & la plus aimable.

Les Econo-mes.

Pour les femmes qui ne sont point de l'ordre des précedentes, qui sans professer le libertinage, la pieté ni le genie ménent une vie tranquille, appliquées à leur estat, ne s'occupent que de bien ménager les moyens qu'elles ont dans leur condition, elles ne sont pas à l'abri de sentir les funestes effets de l'amour propre, qui est souvent le principe de leur économie & du retranchement de leur superflu. Mais comme cet amour propre est insatiable, il porte souvent l'économie jusqu'à l'avarice. Une femme se dénie les choses dont elle a besoin, par le plaisir qu'elle trouve dans un amas futur dont elle se promet la possession, pendant qu'elle se procure un dépoüillement present & réel, dont elle ne sent pas la peine & la rigueur, l'amour propre l'aveuglant, & cela est si

vrai

vrai que parmi les femmes d une condition commune, lesquelles sont engagées pour l'utilité de leur maison d'entrer dans l'éxercice du commerce & dans le détail du ménage, on y remarque un fond d'amour propre pour elles-mesmes qui conduit toutes leurs actions. Il est si rare d'en trouver quelqu'une qui embrasse son état avec un esprit de docilité & de soin, & qui n'ait d'autre but que son devoir & la crainte de Dieu. Jamais cette femme forte que l'Ecriture nous dépeint avec tant d'avantages, n'a moins paru que dans noſtre ſiecle. Il ne s'en trouve point de ce caractére, parce que l'amour propre les éloigne de ces grandes qualitez, qui leur ſont neceſſaires pour eſtre parfaites. Tant qu'une femme s'abandonne au ſecret mouvement qui la détourne des rigueurs de la juſtice, elle eſt incapable de perfection. Je dis rigueur de la juſtice, parce que la nature a un penchant imparfait qui s'oppoſe à la droicture, & qui luy rend difficiles les choſes innocentes ; & ce n'eſt qu'avec beaucoup de lumieres & beaucoup d'efforts qu'on ſe met audeſſus d'un attrait naturel qui nous écarte de la perfection ? Comment la plus part des femmes ſeroient-elles capables de cet uſage genereux, de s'arracher à elles-mêmes pour ſe donner aux loix de la ſageſſe ?

Les Joüeuſes.

Comment des perſonnes qui paſſent une partie de leur vie en des amuſemens inutiles, trouveroient-elles en elles-meſmes aſſez de raiſon & de vertu, pour détruire la plus inſinuante & la plus naturelle paſſion que nous ayons ? Il y a un grand trajet à faire entre des converſations inutiles, un jeu perpetuel, des aſſemblées d'oiſiveté, & de vertueuſes occupations ſans relâche. L'amour propre fait trop bien ſon compte parmi les femmes qu'il livre au commerce du jeu, pour ne leur pas faire paroiſtre une étenduë qu'elles ne ſçauroient franchir, & qui ſe trouve entre leur conduite & les maximes d'une vie chrétienne ; & je ne m'étonne pas si l'amour propre qui gouverne toutes les femmes, ne laisse pas un moment aux joüeuses qui ne soit pour joüer ou pour desirer de le faire. Si elles avoient quelque instant libre de cette préoccupation, elles ne pourroient voir l'oisiveté de toute leur vie passée sans se proposer un avenir plus utile, & c'est une ruse secrette de l'amour propre de leur grossir tellement l'objet qui les amuſe, qu'elles s'occupent ſans ceſſe du jeu, quoy-qu'effectivement le jeu ne les occupe jamais, & que ce ſoit une oiſiveté agiſſante que cet exercice, qui ne tient point titre d'occupation, mais de délaſſement, & que l'on ne doit prendre que pour donner a la nature quelque moment de repos pour compatir à ſa foibleſſe. Mais l'amour propre, cette paſſion ſéduiſante, ne propoſe jamais ce moyen là à une femme, qu'il ne l'enyvre d'un goût délicieux, & qu'il ne luy faſſe donner ſon temps & ſon cœur à cet amuſement, qui s'accorde ſi bien avec la paſſion qui le fait aimer: Car il entretient cette oiſiveté de l'eſprit & du corps qui nourrit l'amour propre, il bouche l'ame & ne la remplit pas; il eſt tout à cette préoccupation qui l'endort & qui la rend inſenſible & incapable d'ecouter les reflexions, les idées, les inſpirations, & tous ces mouvemens, que la grace & la raiſon excitent pour l'éclairer.

Les Plaideuses.

Mais cet amour propre s'eſt ſi bien établi dans le cœur des femmes par cette maxime, qu'il n'eſt pas ſeulement cauſe de cette vie mole & ſans action; il eſt auſſi la ſource de mille travaux attachez à un autre caractere. C'eſt l'amour propre qui eſt le principe de ces pénibles & laborieuſes démarches où le procés engage. Sous ces triſtes nuits ſans ſommeil, & ces jours brillans ſans repos, eſt caché l'amour propre le plus invincible & le plus délicat. C'eſt dans l'exercice de ces bafſes & ennuyeuſes ſollicitations, que ſe rencontre la plus enracinée prévention de ſoy-même. Les femmes ne s'aiment jamais tant, que lors qu'il leur en coûte toutes les peines qu'elles abhorrent, pour joüir du plaiſir qu'elles deſirent. Cependant j'aurois peine à leur faire avoüer une verité qu'elles ſentent & qu'elles aiment, & dont elles ne refuſent l'aveu que parce qu'elles n'en veulent pas quitter l'uſage. La peine & le déſordre qu'apportent ces diſputes, autoriſées par les coûtumes & par les loix, ne ſont cauſez que par l'amour propre, & nulle femme ne peut diſconvenir quand elle voudra parler de bonne foy, que ce ne ſoit l'amour propre qui l'anime, quand elle ſe donne ces ſoins rëiterez, qui la contentent au milieu de cent chagrins differens qui l'environnent.

L'amour propre a quelque choſe de ſi agreable pour les femmes, que lorſque la nature les a livrées à ſon pouvoir, elles ne ſe contentent pas de passer leur vie dans l'habitude que cette passion leur fait contracter, mais elles nourrissent, elles fomentent, elles augmentent cette passion en elles, & sans en demeurer là, elles la communiquent comme elles l'entretiennent, & c'est un poison dont on est atteint par la societé qui est si imperceptible & si dangereuse, qu'il est impossible de le guerir, si on ne le connoist avant que d'en estre attaqué, ou si on ne s'attache à le détruire avec autant de ſoin qu'on en prend pour le conſerver. Je voudrois que l'on s'en fit ſouvent une idée, & que l'on approfondit ſa nature & ſes effets, afin d'éviter ſon pouvoir & ſon attrait, & qu'on ne fût point l'eſclave d'une paſſion effeminée, qui dérive cependant de la plus illuſtre paſſion de l'homme. Perſonne n'ignore que l'amour ne ſoit la plus noble de toutes les paſſions, & perſonne ne doit ignorer que par le peché de nôtre premier pere, cet amour ſublime & naturel de l'homme a dégeneré dans un amour coupable & ſenſuel, & que cette ſource de biens eſt déve-nuë l'origine de mille maux; parce que la nature qui é-toit temperée par la grace, & dont toutes les inclina-tions eſtoient loüables & ſaintes, la charité domi-nante confondant l'amour propre, & ne nous permet-tant pas de nous aimer qu'en Dieu ſeul, a chan-gé de nature. Ce n'a plus eſté des meſmes yeux que l'homme a regardé les objets ; l'utile & l'agréable ont attiré ses desirs & ses soins ; il n'a plus trouvé de goût pour l'innocence ; il est devenu son but, son motif, son principe ; il n'a plus visé dans toutes choses comme à l'œuvre de Dieu, mais comme à la sienne ; il s'est toûjours regarde depuis cette malheureuse metamorphose : & de ce dépoüillement sage & sincere, où il vivoit au milieu de l'abondance dans le paradis terrestre, il est tombé dans l'attachement & dans les fers d'un amour desordonné pour luy-mesme, & cela au milieu de l'indigence & des besoins de la nature corrompuë. Si bien que de cet estat élevé où Dieu l'avoit mis, il s'est plongé dans cette abîme de maux & de regrets où il est resté jusqu'à la venuë de Jesus-Christ; non que cette mission de Jesus-Christ qui a effacé la faute du vieil Adam, ait voulu rétablir l'homme dans la perfection où il estoit d'abord par estat; mais elle a voulu luy donner la grace du

Redempteur, afin qu'il pût y rentrer par violence : & l'excellence de la redemption est un avantage pour la nature humaine ; puisque dans le premier homme il n'y avoit rien de difficile dans la perfection de sa vertu, & dans l'homme nouveau il concourt en se faisant violence par sa volonté assistée de la grace, à la perfection de son merite, & il est tellement au dessus de son premier estat par sa fidelité, qu'il ne sçauroit disconvenir de combien la nature est annoblie

depuis

depuis que Jesus-Christ l'a purifiée par sa venuë, par sa parole, par son exemple, & par sa grace. Par la Loy nouvelle l'homme se trouve disciple d'un Dieu crucifié qui est venu pour apprendre aux hommes à être des holocaustes, & pour leur faire comprendre qu'à la honte du demon, il leur donnoit le pouvoir de triompher d'une nature ennemie, & d'estre tous des Martyrs de cœur & d'esprit, afin d'estre des citoyens de gloire & de beatitude.

Mais quel eſt ce monde à détruire, ces ennemis à vaincre, ſi ce n'eſt ce fond d'amour propre qui eſt devenu le maiſtre dans le premier homme, cet amour de ſoy-meſme, & de ſon propre bien, qui l'avoit precipité dans ce travail perpetuel, & cette mort infaillible, où il nous a aſſujettis? C'eſt là la ſource de ſa perte, & ſouvent la cauſe de la noſtre; c'eſt là ce monſtre à terraſſer pour la victoire duquel il nous eſt donné tant de graces, & à la deſtruction duquel nous devons travailler ſans relâche. C'eſt à cet amour propre ſi naturel & ſi défendu, que nous devons faire une guerre continuelle, puiſque c'eſt à la victoire de cette paſſion qu'eſt attachée la perfection & le merite, & que celuy qui ne ſe haïra pas luy-meſme, ne doit jamais prétendre aux récompenſes reſervées à celuy qui n'aime que Dieu. Mais s'il eſt difficile à l'homme le plus ſage & le plus fort, de détruire abſolument cet ennemi;

(car tant que nous vivons il nous reste ce fond, pour heritage de la premiere infraction de la Loy de Dieu.) Combien est-il plus difficile à un sexe foible, fragile, variable, inconstant, & pour dire plus naturellement attaché au défaut qu'il possede, de se garentir de cette illusion du demon & de la nature, & de pouvoir vaincre un penchant qui ne le force à rien, & qui le laisse dans la douce oisiveté, où l'on s'entretient quand on s'aime. Quel moyen que des femmes qui ſortent peu d'elles-meſmes pour s'inſtruire, & qui n'ont de toutes les ſciences que le deſir dans le cœur, & le nom dans la memoire, puiſſent ſe ſouſtraire à ces reflexions favorables, à ce retour perpetuel, qui n'eſt autre choſe qu'un circuit que leur imagination & leur volonté font ſur elles meſmes, qui finit toûjours par un éloge auſſi ſecret qu'injuſte! Quel moyen, dis-je, que ces délicates perſonnes accoûtumées à s'aimer, puiſſent s'arracher à la corruption que leur communiquent la nature & l'éducation? Comment voulez-vous qu'une femme ſoit capable de reſolution, & ainſi digne de confiance, ſi ſa moleſſe ne luy permet pas de garder un ſecret à l'égard de ceux qu'elle aime, ni de ſoûtenir l'intereſt de la verité à l'égard de ceux qu'elle craint, & c'eſt l'effet & la preuve de l'amour propre dans les femmes, que cette grande facilité qu'elles ont à dire ce qu'elles ſçavent de criminel & de caché dans les autres, ſans pouvoir retenir dans le ſilence ce qu'on leur confie dans le particulier. Auſſi par une punition naturelle de temperament, celles qui ſont ſi hardies ſur les intereſts des autres, ſont bien timides ſur celuy de la verité, & rarement les voit-on défendre avec chaleur le parti de ceux qu'on opprime, quoy-qu'elles ſoient ſi faciles à découvrir les défauts de ceux qu'elles connoiſſent, & c'eſt la ſuite ordinaire de l'amour propre que cette cruelle conduite. On ne ſçauroit ſe reſoudre quand on s'aime à dire des choſes qui faſſent aimer les autres, ni à cacher l'eſtime qu'on nous porte par le ſecret qu'on nous confie.

Une femme ſe perſuade retirer beaucoup de gloire de ſon indiſcretion, & beaucoup de profit de ſa complaiſance, & cette fauſſe opinion luy conſerve l'uſage de ſes mauvaiſes maximes, & la retient toûjours attachée à ce fond d'amour propre qui la fait agir.

Les

Les effets nourrissent la cause dans cette occasion. L'amour propre produit les mauvais sentimens, qui sont la cause de mille actions injustes & déraisonnables. Les actions déraisonnables à leur tour entretiennent l'ame dans ces mauvais sentimens, qui retournent ensuite à leur source prendre & donner des forces malheureuses, qui ne conduisent qu'au déreglement & à la corruption. Et voilà l'effet de l'amour propre que l'on peut avouër estre un mal qui renferme tous les autres ; puiſqu'il n'y a point de deſordre dans le monde, qui ne reconnoiſſe celuy-là pour ſon principe : & je crois que le Chriſtianiſme, la Politique, & la Morale ne ſçauroient faire un homme de bien, d'un homme qui s'aime, la juſtice eſtant neceſſaire à tous les eſtats, & ne pouvant ſubſiſter avec l'amour propre, qui prend toûjours le parti de la volupté & des plaiſirs, ſans jamais conſiderer la ſoûmiſſion que le corps doit à l'eſprit ; & les obligations où nous ſommes de nous faire violence pour nous rendre juſtes. L'Amour propre donne une licence à nos inclinations, & laiſſe nos deſirs libres dans leur déreglement, ne s'embarraſſant que de flatter noſtre eſprit, afin de nous rendre agreable l'habitude de l'écouter, & que nous puiſſions ne nous occuper que de nous meſmes, & nous rendre particuliers juſqu'aux intereſts publics, nous préferant à tous, & n'obſervant meſme la Loy qu'avec toute la retenuë qu'il nous propose, n'admettant rien de ces devoirs rigoureux & penibles, dont cependant nous ne pouvons nous dispenser sans crime.

L'Amour propre est opposé à la Loy & à l'honneur; il ne nous laisse du goût que pour la grandeur, pour la beauté, ou pour les richesses. Hors l'ambition, la volupté & l'avarice, rien ne luy plaist, & c'est par ces passions malheureuses que nous conservons l'amour propre;

comme c'eſt par l'amour propre que nous conſervons ces trois paſſions dans noſtre cœur. C'eſt parce que nous nous aimons, que nous voulons eſtre élevez au deſſus des autres. C'eſt par ce meſme amour qui nous fait deſirer les objets, que nous croyons pouvoir augmenter noſtre plaiſir, & c'eſt encore par la meſme raiſon que nous accumulons nos richeſſes, afin qu'en poſſedant plus de biens nous dépendions de moins de perſonnes, & qu'il y en ait plus qui dépendent de nous; car l'usage malheureux qu'à établi l'interest, donne ce sentiment aux avares; & effectivement ils voyent tous les jours des gens illustres renoncer aux droits legitimes qu'ils ont receu de leurs ayeuls, & ceder leur rang, soûmettre leurs sentimens, & de plus sacrifier la verité, pour s'acquerir un peu de bien, ou pour obtenir la seule estime de ceux qui en ont, & cela en veuë d'asseurer ou d'agrandir leur réputation, sçachant bien que la réputation dépend de la voix de ceux, à qui l'opulence a donné le crédit. De maniere que l'amour propre a ce ſecret de rendre avares non ſeulement ceux qui poſſedent les richeſſes, mais auſſi ceux qui n'en ont point. Il n'y a pas moins d'avarice à faire des lachetez pour avoir du bien, qu'à le cacher ſans diſpenſation quand on le poſſede: c'eſt la même choſe d'aller au devant d'un riche qui nous fuit, que de s'éloigner d'un pauvre qui nous ſuit. On eſt avare en cherchant le bien comme en le gardant, & l'amour propre n'en eſt pas moins violent. Car l'on s'aime par rapport à la fortune lors qu'on ſe hait par rapport à l'honneur; & les femmes ſont bien ſujettes à cette eſpece d'avarice que l'amour propre enfante.; elles ne conſidérent les gens qu'en veuë de leur fortune; & l'abondance des biens eſt la clef de leur eſtime. Elles meſurent meſme ordinairement le merite à la bourſe; car lors qu'elles ſont l'éloge de quelqu'un, la fortune a ſon rang dans le panegyrique, & rarement meſme le font-elle complet d'une perſonne pour qui toutes les vertus ſe déclarent, & à qui la fortune eſt contraire, & cela parce que l'amour propre ne permet pas à une femme d'élever le merite d'un autre, qui n'a que de bonnes qualitez à faire admirer, ſans avoir du bien pour nourir leur eſperance. Tant il eſt vray que l'on s'aime ſouverainement, & que l'on ne ſçauroit applaudir, ni rechercher une personne, que l'on ne s'en promette une utilité particuliere en quelque maniere que ce puisse estre, & que l'on ne s'asseure par esperance un bien propre, qui est la cause de celuy que l'on fait aux autres, en justifiant leur conduite, ou en proclamant leur vertu : source de tous les maux, de tous les vices & de toutes les erreurs. Amour propre si étendu, si secret & si negligé, que n'estes-vous poursuivi avec le même zele, qui animoit à vous persécuter, les Apostres & les Vierges de l'antiquité, à vous immoler sous le joug rigoureux de la Penitence ou du Martyre! Qu'il seroit beau de voir encore aujourd'huy, non pas ce sacrifice où le sang se versoit pour soûtenir la verité de la Religion; mais ces retraites où les larmes se répandoient en abondance pour la conversion des pecheurs, ces assemblées de Vierges illustres, encore plus par leur vertu que par leur naissance, qui passoient leur vie dans l'exercice d'une mortification aussi continuelle que volontaire, ces Vierges qui ont servi d'exemple à nostre siecle, & qu'il est à craindre qu'il ne soit le seul qui reste aux siecles futurs ; ces Vierges, dis-je, en qui l'amour propre avoit beau murmurer, s'agiter, agir, resister: elles ne l'avoient senti que pour le mieux combattre, & leur soin animé d'une volonté courageuse & éclairée, avoit sçû vaincre tous les mouvemens d'une nature rebelle & corrompuë. Mais le desir que je forme sur ce sujet est aussi inutile, que les paroles que j'écrits. On a beau voir les ouvrages qui le blâment, & sentir les mouvemens qui le condamnent; il est plus fort que nous-mêmes, & il seroit impossible de le vaincre sans la grace qui nous encourage & qui nous éléve, & cette grace ne nous manque jamais si nous la demandons avec un veritable désir de l'obtenir. C'est tres-souvent la nonchalence des demandes qui rend la priere infructueuse. Il faut du zele pour obtenir la victoire d'une passion qui assoûpit nostre volonté, & qui ne sçauroit estre vaincuë sans ferveur; parce qu'elle est de toutes les passions celle qui est la plus amie du repos; toutes les autres passions ne peuvent user de leur violence sans donner du mouvement au cœur, à l'esprit ou au corps; mais l'amour propre agit de toute sa force dans la tranquillité la plus parfaite, & il ne lui faut ni mouvement, ni agitation; son action malheureuſe ne demande point d'effort pour eſtre réelle dans l'état & dans la ſituation la moins troublée où une créature puiſſe eſtre ; elle peut avoir de l'amour propre juſqu'à l'excés : & ſi cette paſſion ſe trouve quelquefois dans le trouble, elle ſe trouve auſſi dans la paix. C'eſt ce qui là rend ſi ordinaire aux femmes ; la vie mole qu'elles ménent, la bagatelle qui les amuſe dans une indolence & une oiſiveté continuelle, eſt un apas pour l'amour propre, & il n'eſt rien de plus naturel que de s'aimer beaucoup en menant le train de vie des femmes d'aujourd'huy. Je ne m'étonne pas ſi au jugement des plus ſages, toutes les vertus qu'elles font paroître ſont ſuſpectes, & ſi l'on a peine à s'imaginer qu'il ſorte quelque choſe de parfait d'un ſujet qui ne l'eſt pas. Car ordinairement ces dehors de modeſtie qui ſeroient des preuves de pieté, ne le ſont que de bigotteries; leur fermeté n'eſt qu'une pure obſtination, & leur enjoüement

enjoüement est toûjours indiscret. Mais d'où vient que ce qui est vertu ou qualité loüable est vice & désordre chez elles? C'est que l'amour propre leur fait faire le choix des vertus qu'elles embrassent; elles se donnent à la pieté, parce que leur temperament les porte à une vie paisible & sérieuse, & souvent parce qu'elles aiment mieux la médisance que la volupté, & qu'on peut parler des autres quand on ne fournit pas aux autres de quoi parler de nous. Elles soûtiennent leurs opinions ſans rélâche & ſans raiſon, par ce qu'elles les aiment, & non pas parce qu'elles les connoiſſent : & ce qui fait qu'elles ne cedent jamais, c'eſt que les idées fauſſes dont elles ſe préviennent, leur tiennent lieu de raiſon veritable : elles veulent qu'elles paſſent de meſme auprés des autres, & qu'une mauvaiſe raiſon triomphe d'une bonne qu'on leur a donnée, & que le dernier qui parle ſoit reputé victorieux. Elles ſont toûjours ſeures de leur fait ſur ce chapitre. Mais de plus, ſi elles ſe permettent un agrément de vivacité, ce n'eſt jamais avec la modération neceſſaire à l'enjoüement pour l'autoriſer; c'eſt toûjours ſans meſure qu'elles ſe donnent à quelque choſe; leur ſerieux eſt outré ou leur joye dereglée; & ce point de vertu qui laiſſe l'ame dans une équilibre, ne ſe rencontre point chez elles; parce que l'amour propre les porte toûjours aux extremitez les plus blâmables, & ne leur laiſſe voir l'excés qui gâte toutes choſes que dans les autres, & jamais en elles-mêmes Cet amour propre efface tellement toutes les bonnes qualitez dans les femmes, que ſi elles ſont capables d'érudition & de politique, c'eſt avec tant de prevention, que l'on découvre plutoſt leur orgüeil & leur fineſſe, que leur aplication & leur prudence. Vous ne voyez point dans les choſes d'eſprit une femme habile agir comme un habile homme; il y a toûjours de la gloire ou de la foibleſſe qui gâte ce quelle ſçaït, & ce n'eſt pas ſans raiſon que l'uſage leur interdit les ſciences. Tres ſouvent l'étude gâte plus une femme qu'elle ne la perfectionne, & leur naturel cultivé par une droite raiſon, eſt toûjours plus ſolide & plus agréable, que quand leur eſprit s'eſt tourmenté, pour aprendre plûtoſt en veuë de paroître ſçavoir, que de ſçavoir effectivement. Pour ces deſſeins qu'un bon entendement conçoit, ces projets qui font leur ſéjour dans des teſtes utiles à l'Etat, ces grandes entreprises qu'il faut concerter avec sa raison & toute la raison des autres, rarement les trouve-t'on dans l'esprit des femmes, de qui l'entendement n'est pas le plus fort & qui se gouvernent par imagination. La vivacité les emporte quelquefois jusqu'à concevoir de justes idées pour de grandes choses; mais l'assiéte fixe de l'esprit qui seroit necessaire pour maintenir ce premier effort, ne se rencontre point chez elles. La refléxion loin de fortifier l'idée, l'efface, & le goût qu'elles trouvent dans la beauté d'un grand dessein qu'elles se proposent, fait place au plaisir qu'elles prennent à détruire la resolution qu'elles avoient formée: & cóme cette mobilité d'opinions, leur est naturelle à cause de l'amour propre qui les domine, elles ne sont ni tres sçavantes ni tres sages: & cependant elles auroient plus de facilité à l'estre que les hommes, si elles vouloient s'attacher à détruire cette passion de l'amour propre. C'est le fond d'une prévention ſans cauſe, & d'une délicateſſe ſans raiſon, qui les prive de tous ces grands talens, pour leſquels leur naturel ſemble être formé. Si l'amour d'elles mêmes étoit éfacé, & que par un genereux effort, elles s'arrachaſſent à cet attrait trompeur qui les amuſe, une femme habile iroit aſſurément plus loin qu'aucun homme n'a eſté: ſa vivacité, ſa penetration, ſa délicateſſe, le feu de ſon courage, la ſubtilité de ſes idées qui ſont pouſſées par un un mouvement plus promt que dans les hommes, la rendroient capable de plus grandes entreprises, & de plus promtes executions: & en mesme tems le flegme qui la tempere quand elle le veut, luy rendroit possibles les attentes ennuyeuses, par lesquelles il faut passer pour arriver à la gloire, à la fortune, & à la vertu. Rien ne seroit difficile à un sexe à qui rien n'est presque possible, parce que l'amour propre lui fait paroistre toutes les peines insupportables, tous les ſoins fâcheux, toutes les occupations chagrines, & hors le plaiſir qu'il propoſe, tous le reſte paroiſt triſte. On a peine à donner quelque moment aux exercices de la Loy, où le devoir & la neceſſité nous obligent. On trouve ces momens ſi longs, quelque courts qu'ils ſoient, que le plus foible motif qui peut nous exemter d'en remplir les devoirs, nous paroiſt legitime ; nous nous en ſervons, & tout nous eſt une raiſon, pour abandonner la raiſon. Voila les foiblesses, les injustices, & les desordres, où l'amour propre conduit. On ne sçauroit s'en garantir que par un genereux mépris de soy mesme, qui nous met à l'abri des considerations que nous avons pour nos interests, & qui nous inspire une dureté necessaire, une severité qui châtie les moindres défauts: & cette vertueuse qualité que l'on trouve dans l'humilité profonde, est la source des autres vertus; la perfection est attachée à sa pratique; elle sanctifie tous les mouvemens naturels. Les femmes fortes qui ont servi d'exemples à la posterité, estoient penetrées de haine d'elles-mesmes, aussibien que les Dames chrétiennes d'aujourd'huy. Nulle personne ne pourra estre au dessus des revers de la fortune & des accidens de la vie, que celles qui seront au dessus d'elles-mesmes. Nulle personne ne sera capable d'une pleine raison & d'une parfaite sainteté, que celle qui pourra se vaincre & se hair. C'est pourquoy nulle femme ne doit ſe flatter d'eſtre raiſonnable, ſage & parfaite, ſi elle a beaucoup d'amour propre. Les femmes ont tant de privileges au deſſus des hommes, que cela devroit les animer à vaincre une paſſion qui les rend inferieures au ſexe fort. Ce n'eſt pas une choſe impoſſible que leur perfection leur demande; elles peuvent ſans rien diminuer de leur fortune, de leur credit, de leur beauté, & de leur repos, ſe rendre dignes de l'eſtime des plus ſages: elles n'auroient qu'à ſe preſcrire un peu plus d'ordre, de verité & de juſtice dans leurs penſées, dans leurs diſcours & dans leur conduite, & bien-toſt l'amour propre ſe verroit effacé de leur ame & banni du monde; & à la gloire du beau ſexe, il faudroit confeſſer qu'elles auroient plus vaincu dans cette paſſion, que le courage & la valeur des hommes n'ont fait depuis tant de ſiecles.

FIN.

LETTRE DE M. l'Abbé de... à Madame de Pringy.

MADAME,

Vous pouvez toutes choses, aprés les effets de vostre

Livre du Caractere des femmes de ce siecle. Il faut que je vous avouë l'usage que j'en ay fait. Je suis devenu le Predicateur de vos productions. Trop heureux Madame, de pouvoir dire, ce que vous sçavez penser. J'ay prêché ce que vous avez écrit; mais j'ignorois jusqu'où pouvoit aller la vertu de vos Ouvrages. Je n'estois pas accoûtumé de toucher le cœur si facilement, & je sens bien que je vous dois la premiere conversion que j'aye faite. Aurois-je pû esperer de reduire une Bigote, si vous ne m'en

eussiez

eussiez donné le moyen? Que de vivacité & de feu, quand vous condamnez l'hypocrisie? Il semble qu'elle fuye quand vous en parlez, & l'on ne se promet pas moins, que de la confondre, quand vos paroles servent d'armes pour la poursuivre. Je viens, Madame, de l'experimenter. Une Bigotte, dont je n'esperois plus rien s'est renduë à la force de vos expressions. Son obstination à bout par vos raisons, a cedé à la verité. Elle est venuë me trouver pour m'avouër que rien ne l'avoit si vivement touché que mon discours ; qu'elle s'estoit enfin reconnuë pour se haïr, dans le Portrait que j'en avois fait. Jugez, Madame, de vostre Triomphe, aprés une semblable Victoire. Si j'ay jamais occasion de condamner les autres Caracteres que vous dépeignez si parfaitement, je m'en promets une défaite assurée ; puisque celuy-là n'a pas tenu contre l'éloquente verité que l'on trouve dans tout vôtre Livre. Et je ne connois que trop tard, qu'il faut développer les replis du cœur, & le presenter tel qu'il est à l'attention des Auditeurs, pour les toucher jusqu'au poins de se reconnoistre. Il n'y a que vous, Madame, qui sçachiez tirer la verité de ce cahos d'erreur dont on l'enveloppe pour la presenter aux yeux mesmes de ceux qui la blessent, & en tirer tout le fruit qu'on en peut attendre : & l'on peut dire qu'il faut être bien attaché aux vices que vous condamnez, pour ne pas se rendre aux vertus qui les combattent ; & je ne croy pas, malgré l'exactitude de vostre morale & la corruption du siecle, que vous ayez autant d'envieux que d'admirateurs.

J'ay trouvé des femmes, qui, quoy qu'elles fussent encore tres-coquettes, ne refusoient point de blâmer leur Caractere, n'osant blâmer vostre Livre, & confessoient avec une rare sincerité, que jamais la verité, qui les condamne, n'avoit eû accés auprés d'elles, que depuis que vous la leur aviez presenté.

Elles ont même avoüé qu'elles vous croyoient la femme du monde la plus habile; puisque vous aviez pû faire trouver bon ce qui ne flattoit pas. Enfin, Madame, puisque la critique toûjours envieuse n'a pû

vous

vous rendre toutes les femmes contraires : je ne desespere pas que le goût qu'elles ont eû à vous approuver, ne leur donne de l'émulation à vous suivre. On voit bien, Madame, qu'ayant voulu comprendre la plus part des femmes dans les six Caracteres qui sont dans vostre Livre, vous vous estes, sans y penser, comprise vous-mesme dans les vertus qui y sont opposées ; car il faut les posseder parfaitement pour les décrire aussi bien que vous le faites. Et si vous avez mis tant d'éloquence dans la description de ces defauts, qu'il ſemble que vous prétiez quelque beauté aux plus mauvais Caracteres : On peut dire auſſi que chaque vertu y paroiſt avec un nouvel éclat, qui la fait aimer ſouverainement, & que vous ne ſçauriez la peindre avec de ſi vives couleurs que vous n'ayez des ſentimens qui y répondent, & que vous ne ſoyez vous meſme la condamnation du déreglement & de la foibleſſe du Sexe. Je ſuis,

MADAME,

Voſtre tres-humble, &
tres obéïſſant ſerviteur
de * *

Extrait du Privilege du Roy.

PAr Lettres Patentes du Roy, données à Versailles le 3. de Septembre 1693. signées VATBOY : Il est permis à M** d'imprimer un Livre intitulé : *Les differens Caractéres des femmes du Siecle, &c.* pendant le temps de huit années consecutives, à commencer du jour que ledit Livre sera achevé d'imprimer pour la premiere fois : Avec défenses à tous Libraires, Imprimeurs & autres de l'imprimer, & vendre sans le consentement dudit Exposant, ou de ses ayans causes, à peine de trois mille livres d'amende, confiscation des Exemplaires, & de tous dépens dommages & interests, & autres clauses inserées audit Privilege.

Et M** a cedé son Privilege à Medard-Michel Brunet, suivant l'accord fait entre-eux.

Registré sur le Livre de la Communauté des Imprimeurs & Libraires de Paris, le huitième jour d'Octobre 1693.
Signé, P. AUBOUIN, Syndic.

Achevé d'imprimer pour la premiere fois le 30. Novembre 1693. & cette seconde Edition le 5. Janvier 1699.

www.ingramcontent.com/pod-product-compliance
Ingram Content Group UK Ltd.
Pitfield, Milton Keynes, MK11 3LW, UK
UKHW021853190726
13855UKWH00001B/293